철학의 쓸모

철학의 쓸모

삶의 지침이 되는 철학 사용 설명서

로랑스 드빌레르 지음
박효은 옮김

FIKA

우리는 플라톤이나 아리스토텔레스를 학자 특유의 위엄 있는 옷차림을 한 모습으로만 상상한다. 그러나 그들도 여느 평범한 이들처럼 친구들과 웃으며 담소를 나누는 순수한 사람들이었다. 플라톤은 《법률》을, 아리스토텔레스는 《정치학》을 기꺼이 즐기면서 집필했고, 그렇게 자신들의 저작을 완성했다. 그들의 삶에서 그 일은 가장 철학자답지 않으며 가장 진지하지 않은 일이었다. 그들은 단순하고 평온하게 생활할 때 오히려 가장 철학자다웠다. 정치에 관한 그들의 저술 활동은 광인들의 병원과도 같은 이 혼란스러운 세상을 통제하는 일이나 다름없었다.

_ 파스칼, 《광세》

PART 03

사회적 고통

그리고
흥미로운 고통들

삶은 결코
만만치 않다

○

산다는 것. 살아 있음을 느끼고 지금 여기에 존재하는 것. 누군가는 이것이 행복의 비결이라고 말할지 모른다. 산다는 것은 선물과 같고, 지금 이 순간은 신비로운 마법이자 한 편의 시와 같다고 말이다. 사랑과 시원한 물, 휴가와 여가 생활, 사치와 평온과 쾌락 속에 사는 이들에게는 그럴 수도 있다. 그러나 우리 대부분은 늘 어딘가에 매여 있고 겉모습에 신경 써야 히머 자기 의지와 상관없는 시간표에 따라 살아간다. 회사와 집을 오가는 단조로운 일상 때문이 아니다. 삶은 외모, 성격, 시대, 사는 곳, 이웃, 하루를 보내는 방식, 일하는 환경 등 우리가 갖고 있지 않은 것들, 적당한 선에서 우리가 선택한 것들로 이루어져 있기 때문이다.

산다는 것은 시작되었다고 해서 그냥 흘러가는 것이 아니라 긍정하고 지속시켜야 하는 것이다. 삶이란 결정하는 것이 아니라 감당하는 것이다. 우리에게 제한도 제약도 없는 완벽한 자유란 없다. 자유란 적응하는 것, 즉 우리가 원하는 대로 만든 환경이 아닌 이미 존재하는 환경에서 우리 자신의 자리를 찾아가는 것이다.

고통 없는 삶은 없다. "우리의 사랑이 죽지도, 우리를 죽이지도 않기를."[1] 한 시인의 이런 바람은 삶을 살아가는 우리의 상황을 여실히 보여준다. 우리는 늘 행복, 사랑, 성공을 원하지만, 우리가 가장 원하는 것이 우리를 불행하게 할 수도 있다. 삶의 모든 것은 본질적이면서도 무상하고, 무엇도 예측할 수 없으며, 아무것도 돌이킬 수 없기 때문이다. 또한 삶의 고통은 쉽게 뽑히는 잡초 같은 것이 아니다. 삶은 결코 만만치 않다.

삶이라는 어려운 숙제를 풀어 나갈 때, 철학은 쓸모가 있을까? 우리가 원하지만 우리를 불행하게 하는 것을 마주할 때, 철학이 우리에게 도움이 될까?

결론부터 말하면, 철학은 쓸모가 있다. 철학은 백면서생의 사치도 전유물도 아니다. 또 쓸모없는 것의 쓸모를, 아무런 도움이 되지 않는 행복을 예찬하지 않는다. 오히려 쓸모없다고 여겨지는 어떤 것도 사유하지 않는다. 철학의 쓸모는 두 가지다. 하나는 여러 질병으로 고통받는 우리에게 진단과 소견을 제공하는 것이고, 또 다른 하나는 스스로 건강하다고 믿는 우리가 실제로는 병에 걸린 사실을 깨닫게 하는 것이다.

후자의 경우, 철학이 없다면 질병은 절대 발견되지 않을 것이고, 증상은 더욱 심각해질 것이다. 이 특별한 조직 검사, 즉 철학적 검진은 의사도, 심리학자도, 심지어 우리 자신도 감지할 수 없는 것을 발견해낸다. 사랑하는 사람과의 이별, 가까운 사람과의 불화, 직업적 실패, 삶에 대한 염증 등 우리의 여러 고통을 진정시켜주는 진통제 같은 역할을 하는 철학은 그 분야만의 다양한 진정제와 연고를 처방해주는 일종의 의학이라 할 수 있다.

오로지 철학만이 부작용을 겪으면서도 그 실체를 알지 못하는 질병을 진단할 수 있다. 하기야 철학자가 아니라면 누가 "우리의 사랑이 죽지도, 우리를 죽이지도 않게 하는 방법"을 알려줄 수 있겠는가. 그러므로 우리에게는 두 가지 가능성이 남는다. 아프다는 것을 인정하고 철학에서 치료법을 구하거나, 아픈지도 모른 채 지내다가 철학 덕분에 병에 걸린 것을 깨달은 뒤 치유되어 건강을 되찾는 것이다.

철학자들은 본래 철학은 의학의 성격을 띠고 있다고 역설한다. "인간의 정념에서 벗어나지 못하는 철학자의 이야기는 공허할 뿐"[2]이라고 말한 고대 그리스 철학자들, 에피쿠로스학파, 스토아학파, 혹은 스스로를 '문화의 의사'라 칭한 니체 같은 몇몇 철학자들은 치유의 철학을 강조했다. 진단명도 다르고 치료법 역시 다르겠지만, 치료의 목적은 같다. 문제가 있는 곳, 통증이나 종양이 있는 곳을 파악하고, 나 자신으로 사는 것을 방해하는 것이 무엇인지, 행복이든 진리든 나에게 주어진 것을 누리지 못하게 하는 것이 무엇인지 파악하는 것이다. 철학에는 정형외과 같은 면도 있다. 대체로 우리는 걷는 데 필요한 모든 것을 갖추고 있지만, 관절염, 평형 장애 또는 운동 기능 장애로 고통을 겪을 때도 있지 않은가.

우리는 진리와 행복에 대한 욕망을 포기할 수도, 그것을

충족시킬 수도 없다. 다리를 절뚝이고 서툴기 짝이 없는 우리
는 유능하면서도 무능하고, 욕망하면서도 만족하지 못하는,
한마디로 병든 존재다. 우리에게는 우리의 바람을 실현시킬
수 있는 수단이 없다. 또한 우리는 우리가 바라는 것처럼 건강
하지도 않다. 의학으로서의 철학은 의학과 윤리가 교차하는
지점에 있는 관념들, 즉 생명 윤리 문제만을 다루지 않는다.
그렇다고 해서 철학자들이 의사나 해부학자의 역할을 한다는
말은 아니다. 다만 산다는 것은 그 자체로 치유가 필요한 질병
이라는 말이다.

내 삶의
치유법

○

철학은 우리를 괴롭게 하지 않는다. 오히려 우리를 더욱 강하게 만들어주고, 심지어 우리를 치유하는 힘도 있다. 문제는 철학으로 무엇을 치유하고 싶은지를 알아야 한다는 것이다. 그저 건강해지고 싶다고 답한다면, 우리는 신체 건강을 원하는 걸까, 아니면 정신 건강을 원하는 걸까, 아니면 둘 다 원하는 걸까? 철학 클리닉에서 건강을 되찾는다면, 그 건강은 어떤 모습을 하고 있을까? 행복? 지혜? 위로? 안정? 우리는 고통이 잠시나마 가라앉기를 바라는 걸까, 아니면 보다 심각한 질병에서 치유되기를 바라는 걸까?

키르케고르의 대표작으로 손꼽히는 저서는《죽음에 이르는 병》이다. 키르케고르는 죽음으로만 끝낼 수 있는 질병을 치료하고자 했는데,[1] 그가 질병으로 인식한 것은 바로 '절망'이었다는 것이 제목이 뜻하는 바다. 우리는 사는 동안 절망으로 괴로워한다. 그러므로 철학의 역할은 '정신의 가장 큰 불행', 즉 인생을 살아가면서 절망에 빠져 고통을 겪는 우리를 치유하는 것이다. 산다는 것은 둘 중 하나다. 절망하거나, 두려움 없이 자기 자신으로 살아가거나. 병에 걸렸는데도 아프지 않은 사람은 없기 때문에 이도 저도 아닌 채로 살아갈 수는 없다. 절망할 것인가, 담대하게 나 자신으로 살아갈 것인가? 둘 중 하나는 선택해야 한다.

그렇다면 철학이 치유하는 질병은 모두 치명적이고 극도로 심각하며, 특히 심리적인 것일까? 만약 그렇다면, 철학보다는 심리학, 정신의학, 아니면 신경생물학이 더 효과적이지 않을까? 그럼 우리는 누구에게 의지해야 할까? 의사? 심리학자? 아니면 철학자? 한 분야가 다른 분야를 배제하지 않고, 각 분야가 필요에 따라 협진을 할 수만 있다면 가장 바람직할 것이다. 그럼에도 일각에서는 철학의 치유적 기능은 실질적인 치유의 힘이 없는 비유에 불과한 것이라며 반론을 제기하기도 한다. 그러나 그런 시각이야말로 인간의 모든 실존적 문제를 심리적 문제로 치부하면서 불안을 그저 기질의 표출로만 여기고, 정신적 혼란을 정신병원에서 양질의 재활 치료로 고칠 수 있는 기능 장애로 여기는 과학만능주의가 아니겠는가. 과학이 치유할 수 있는 질병만이 진짜 질병일까?

철학이 내리는 진단은 지나치게 심오한 주제(인간, 삶, 자유 등)와 관련되어 있고, 현실에 적용하기에 지나치게 추상적이라는 지적은 어느 정도 일리가 있다. 그러나 철학의 진단을 외면한다면 우리는 한 인간의 행동만 보고 피상적으로만 이해하게 될 것이다. 우리는 그저 행동으로만 존재하지 않으며, 그것이 우리의 모든 것을 말해주지 않는다. 우리는 우리 눈에 보이지 않는 것, 예컨대 우리의 동기, 의도, 욕망 등 우리를 추동하는 것과 우리를 자제시키는 것이 무엇인지를 헤아려 볼 수 있어야 한다.

또한 우리는 우리 안에서 밀려오고 밀려 나가는 감각, 생각, 회한, 그리고 우리를 괴롭히며 우리의 행동만큼이나 우리 삶에 지대한 영향을 미치는 불안까지, 우리 내면에서 일어나는 일을 들여다볼 필요가 있다. 내면을 들여다보는 일은 단지 심리적 또는 정신적 문제만 관련된 것이 아니라, 각자가 삶의 방식을 선택하고 저마다 다른 경험을 하는 데도 결정적인 역할을 한다. 그리고 그런 과정을 통해 오직 나만이 나일 수 있고, 있는 그대로의 나로 존재해야 한다는 진리를 터득할 수 있을 것이다.

너 자신을 알라

철학은 인간을 단순히 신체적 혹은 정신적 존재로만 보는 차원을 뛰어넘어 인간이 가지고 있는 고유한 특성이나 본질을 탐구해왔다. 실제로 철학은 이런 접근을 통해 인간 이해의 새로운 장을 열면서 역사에 등장했다. 철학의 선구자로 꼽히는 소크라테스는 어느 날 델포이 신전에 갔다가 그곳에 새겨진 "너 자신을 알라"라는 경구에 큰 감명을 받았다고 한다. 자기 자신을 알라는 것, 이것이 바로 의학적이지도 과학적이지도 않은 철학 특유의 의학과 과학이 내리는 명령이다.

'나는 누구인가'라는 질문은 매우 철학적이다. 우리는 그 해답을 철학에서만 찾을 수 있다. 철학은 미완의 세계, 즉 영혼의 세계의 문을 연다. 자기 자신을 알라는 명령은 영혼과 관련된 문제다. 오로지 영혼만이 그 질문에 답할 수 있고, 우리에게 영혼이 있기에 우리는 그 명령을 실행할 수 있다. 내가 누구인지를 돌아보는 일은 내가 하나의 영혼일 때만 의미를 갖는다.[2] 중요한 것은 자신의 재능을 찾고 자신의 성격이나 성향, 호불호를 아는 것이 아니라, 자신의 본질이 무엇인지를 탐구하는 것이다. 영혼에 대해, 그리고 그것을 돌보는 일에 대해 논하는 철학은 종교와 다르다. 철학의 가장 큰 특성은 자기 자신, 즉 자신의 영혼을 탐구하는 것이다. 철학이 영혼에 대해 논하는 이유는 철학만이 영혼을 알 수 있고, 영혼을 가진다는 것의 의미를 설명해줄 수 있기 때문이다.

영혼을 살피는 일이란 쉽지 않은 일이다. 우리는 영혼을 잃어버리거나 경시할 수 있고, 반대로 영혼을 깊이 들여다보고 간직할 수도 있다. 그렇게 영혼은 우리라는 존재에 변화를, 이야기를, 예기치 못한 일들을 만들어낸다. 인간에게 존재한다는 사실은 당연한 질서가 아니다. 그것은 오히려 변화에 순응하는 일이며 비극으로 변할 수도 있는 일이다. 영혼은 우리에게 우리라는 존재에 대해 질문을 던지기도 하지만('나는 누구인가'), 동시에 주체적으로 존재해야 한다는 명령을 내리기도 한다.

우리는 우리의 영혼이 바라는 대로 살아가야 한다. 그러므로 "너 자신을 알라"라는 명령은 "너 자신이 되어라" 혹은 "너 자신의 영혼을 돌보라"라는 뜻을 담고 있다고 할 수 있다. 인정하기 어렵겠지만, 존재한다는 것의 의미를 명확하게 알지 못하는 우리에게는 존재한다는 사실 자체가 하나의 사건이다.

우리는 단순히 행동하고 선택하고 결심만 하며 살아가지 않는다. 우리에게 존재한다는 것은 그저 하나의 상황이 아니라 소명이자 의무이며 목표다. 따라서 존재한다는 것을 당연한 사실로 받아들이는 대신, '나는 어떤 사람이 되어야 하는가', '나는 어떤 사람이 되고 싶은가'라는 근원적인 질문을 스스로에게 던질 수 있어야 한다.

그저 시간의 흐름에 따라, 사건과 만남을 경험하는 것만으로 우리라는 존재가 형성되는 것이 아니다. 우리는 단순히 시작되었다가 끝나는 이야기가 아니며, 우리가 맺는 관계와 우리를 둘러싼 환경이 우리라는 존재를 전부 설명해주지도 않는다. 우리 안에는 원초적인 고독이 있다. 이는 우리가 우리 자신으로 존재해야 하며, 우리가 무엇을 하고 무엇을 원하든 우리 자신일 뿐이라는 것을 의미한다. 누구도 내 자리를 대신할 수 없고, 나 역시 누군가의 자리를 대신할 수 없다. 존재한다는 것은 서로 바꾸거나 위임할 수 없는 유일한 것으로, 영혼은 우리가 자신의 이런 고유한 존재를 마땅히 감당해야 함을 분명히 알려준다.

우리는 자신에 대해 모든 것을 명확하게 알지 못한다. 우리의 영혼은 우리를 드러내는 신분증이라기보다 수수께끼에 더 가깝다. 영혼은 갈등의 장이자 추측의 시발점이며, 우아한 발레보다 격렬한 투우를 하는 나 자신의 모습이다. 우리 영혼의 풍경, 그 "불안하고 신비로운 장소", 그 "셀 수 없는 동굴들"의 대부분을 우리는 잘 알지 못할뿐더러[3] 이에 대한 진실은 예측을 빗나가거나 불확실하기 일쑤다. 그렇기에 무언가를 확신하는 것은 가장 위험한 일이다. 게다가 우리가 오로지 하나의 영혼, 하나의 자아로만 이루어져 있다고 단언할 수도 없다. 우리는 자기 자신에게 "무한한 질문"이나 마찬가지다.[4]

우리는 자신을 지나치게 가까이에서 들여다보는 탓에

스스로를 정확하게 보지 못한다. 그래서 종종 모호하고 납득되지 않는 행동을 하고('내가 왜 그랬을까?'), 스스로의 모순적인 면을 발견하면서 혼란에 빠지기도 한다('나도 그러고 싶지 않았지만, 어쩔 수 없었어'). 의학으로서의 철학은 우리를 좀먹는 내면의 전쟁을 끝내고 그 전쟁터에 다시금 평화를 가져다주는 긍정적인 역할을 한다. 예부터 영혼은 자신을 포위하고 굴복시키는 정념과 무장 투쟁을 해왔고, 세네카에서 스피노자, 심지어 18세기 칸트에 이르는 철학자들은 정념, 분노, 사랑, 명성을 대표적인 영혼의 질병으로 여겼다.

　　나 자신에 대한 거대한 질문이자 철학이 그 해답을 보여주려는 '나는 누구인가'라는 질문은 단순히 논리적이고 정신적인 활동이 아니다. 내가 나답게 존재하기 위해서 어떤 삶을 선택해야 하는가에 관한 문제다. 이는 내가 누구인지를 알아가는 것뿐만 아니라 어떤 삶이 최선의 삶인지, 내게 가장 잘 맞는 삶은 무엇인지를 알아가는 과정이기도 하다. 그리고 우리가 논하고 있는 문제, 즉 어떤 삶의 방식을 신뢰해야 하는가 하는 문제야말로, 생각을 깊이 하지 않는 사람이라도 매우 진지하게 관심을 가질 만한 문제가 아닐까?[5]

나답게 살아갈 용기

키르케고르가 말한 것처럼 우리는 그저 꾸역꾸역 살기보다 삶을 치유할 수 있어야 한다. 삶을 치유하는 데 도움을 주는 의학이 바로 철학이라는 의학이다. 그리고 바로 이 지점에 철학의 유용성과 심오한 독창성이 존재한다. 철학은 '어떻게'라는 방법을 제시하지 않고, 특정한 행동을 권유하지 않으며, 기능 장애를 치료하지도 않는다. 다만 철학은 삶과 산다는 행위 자체를 치유한다.

철학은 정원 가꾸기나 독서 같은 유유자적한 활동이 아니다. 산다는 행위 중에서도 가장 잔인하고 위험한 것을 대면하는 용기를 가져야 한다고 강조하는 철학은 앞서 말한 것처럼 삶을 투우에 비교한다. 그래서 철학은 살아 있다는 사실에 안주하지 말고 우리를 짓뭉갤지도 모르는 대상에 최대한 가까이 다가가 싸우라고 말한다. 투우사의 현란한 몸짓과 화려한 복장, 유혈이 낭자한 소와의 결투에서 어떤 아름다움도 발견하지 못한다면, 꿈과 상상이라는 베일로 어두운 현실을 가리기 위해 아무리 갖은 애를 써도 우리는 삶에서 어떤 아름다움도 발견할 수 없을 것이다.

선인도 악인도 아닌 철학자는 삶이란 거저 살아지는 것이 아니라는 사실을 우리에게 일깨워준다. 그러므로 철학은 삶과 단절된 추상적인 활동이 아니다. 그럼에도 불구하고 철학은 산다는 것과 같이 문제가 아닌 일을 문제로 만들면서 우리를 불안하고 당황스럽게 한다. 실상 바삐 돌아가는 일상에서 늘 시간에 쫓기는 우리는 스스로에게 질문을 던질 만한 여유를 갖지 못한다. 우리는 매 순간 크고 작은 일들을 결정해야 하고, 아직 결정하지 못한 일에 직면해야 하며, 생각을 추스르거나 한 걸음 뒤로 물러나 성찰할 기회를 갖지 못한다. 자신의 바깥에서 혹은 더 높은 곳에서 스스로를 바라볼 수 없는 우리는 더 넓은 시야를 가질 수 없어서 자신의 판단을 확신하지 못한다. 우리는 한발 물러서서 상황을 관망하지 못한 채, 서둘러 생각하고 결정하고 행동해야 한다. 아이러니하게도 우리의 삶은 매일 반복되지만 눈 깜짝할 사이에 지나가고, 늘 같아 보이지만 시시각각 달라진다. 그렇게 삶은 살아가야 한다고 우리를 나그친다.

그렇다면 철학은 우리가 살아가는 데 어떤 도움을 줄까? 데카르트는 관대하게 살아야 한다고 말한다. 그는 더 나은 삶을 살기 위해서는 관대해져야 하며, 그 누구도 아닌 자기 자신에게 가장 관대해야 한다고 역설한다. 넓게 보고 크게 헤아리며, 소심함을 버리고 매사에 단호하고 결단력이 있어야 한다는 것이다. 그가 강조한 '관대함'이란 단순히 의지가 지성보다 우위에 있다고 주장하는 주의설(主意說)이 아니라, 용기를 갖고 위험을 감수하려는 의지, 폭넓은 시야와 과감한 행동, 그리고 그가 최악의 태도라고 지적한 '우유부단'을 극복하는 미덕이다. 데카르트는 우리가 행동하고 살아가는 데 있어 이런 관대함을 실천할 때 일종의 "과잉"[6]이 있어야 한다고 말했다. 스스로에게 절대 굴복하지 않는 능력을 키우려면 절제보다는 더 큰 열정이 필요하다는 것이다. 관대하게 살아갈 때, 우리는 삶을 지속시키고 자신만의 삶을 꾸려갈 수 있다. 또한 오로지 자신만의 의지로 원하는 일을 성취할 수 있다.

실패하더라도, 길을 잃더라도 스스로의 선택에 책임질 수 있어야 한다. 중요한 것은 스스로의 결정에 따라 살아가는 것이다. 그래야만 우리는 어딘가에 도달할 수 있는 기회를 얻을 수 있으며, 현재의 삶을 만끽하는 데 방해가 되는 생각들('그때 그것을 알았더라면', '그때 그렇게 했어야 했는데')에서 벗어날 수 있다. 어떤 길을 선택했는지는 중요하지 않다. 선택에 있어 중요한 것은 "숲 속에서 길을 잃은 나그네가 그래야 하듯 때로는 이곳으로, 때로는 저곳으로 왔다 갔다 하지 않고, 한자리에 머물러 있지도 않으며, 되도록 한 방향으로 곧장 걸어가고, 애초에 그 길을 선택한 동기가 우연이었다 해도 선택한 길을 바꾸지 않는 것"[7]이다.

현실을 직시할 용기

현실을 직시하고 보다 나은 삶을 살아가기 위해서는 담대해져야 한다. 현실은 우리의 뜻과 상관없이 때로는 우리에게 유리하게, 때로는 불리하게 돌아간다. 현실은 운명의 수레바퀴와 같아서 결코 예측할 수 없고, 쏜살같이 흘러간 시간은 결코 되돌릴 수 없다. 이미 엎질러진 물은 다시 담을 수 없고, 일어날 일은 일어나고야 만다. 우리는 앞으로 벌어질 일을 짐작할 수 없고, 이미 벌어진 일을 바꿀 수도 없다. 이처럼 우리는 우리의 동의를 구하지 않는 것에 동의해야 하고, 우리가 선택하지 않은 것을 받아들여야 한다. 이것이 바로 우리가 현실에서 마주하는 시련이다. 우연이든 필연이든, 현실은 우리의 의지와 상관없이 순리대로 흘러가며, 그 현실은 우리가 살아가는 데 방해나 도움이 될 수도 있고 축복이나 고통이 될 수도 있다.

철학이 우리에게 주는 위대한 교훈 중 하나이자 치료제는 우리가 비록 '운명'의 주인이 될 수는 없어도 우리는 우리 자신의 주인이라는 사실을, 우리 앞에 벌어지는 일들을 어떤 방식으로 받아들일지 우리 스스로 결정할 수 있다는 사실을 일깨워준다는 것이다. 이 심오한 교훈을 처음으로 이끌어낸 이들은 스토아학파다. 이 학파는 거의 5세기 동안 지속되었으며 오늘날에도 그 영향력이 여전히 살아 있는 소크라테스의 후예다. 데카르트가 말한 관대함 역시 스토아철학과 같은 맥락에서 이해될 수 있다.

스토아철학이 제시하는 치료의 원리는 단순하다. 우리가 두려워하는 것은 두려운 대상이 아니라 두려움 그 자체라는 사실을 깨닫는 것이다. 세상사는 그 자체로 비극이 아니라 우리가 그것을 비극이라 판단할 때 비극이 된다. 우리는 일어나는 일들을 통제할 수는 없지만, 그 일들이 우리에게 얼마나 중요한지, 슬픈지, 행복한지, 견딜 수 없는지, 고무적인지는 결정할 수 있다. 이는 물이 반쯤 담긴 컵을 어떻게 바라볼 것인가에 대한 철학적 시선이라 할 수 있다. 컵에 담긴 물의 양은 변함이 없지만, 그것을 어떻게 바라볼 것인지는 온전히 우리의 몫이다. 세상사를 바라보는 시선이 바뀌면 두려움도 사라진다. 현실을 직시하는 것은 일어나는 일들을 정확하게 바라보는 데 방해가 되는 쓸데없는 두려움과 헛된 희망을 버리는 것이다.

스토아철학이 제시한 이런 철학적 치료를 통해 우리는 외부에서 일어나는 일들과 그 불확실한 흐름에 휘둘리지 않고 우리 스스로를, 우리의 행복을, 우리의 정신적 평온을 지킬 수 있다. 운명의 기복에 따라 자신의 행복이 좌우되는 삶은 혼란스럽고 두려울 수밖에 없다. 이 철학적 치료는 우리에게 커다란 교훈을 남긴다. 데카르트의 말처럼 우리는 관대하게 살아야 할 뿐만 아니라, 우리의 관대함을 위축시키고 퇴색시키는 온갖 현실을 직시해야 한다. 어쨌든 세상은 우리보다 앞서 존재하고 있었고, 우리보다 오래 남아 있을 것이다.

세상은 우리가 행동하고 살아가는 동안 현실을 깨닫게 하고 제약을 가한다. "우리에게는 삶을 받아들이거나 거부할 자유가 있다. 우리에게 주어진 삶을 받아들인다는 것은 몸, 얼굴, 행동 방식 등 우리에게 주어진 조건을 수용한다는 뜻이며, 책임감을 갖고 세상과 인류를 받아들인다는 뜻이다."[8] 그렇게 우리는 현실을 받아들이고, 그 현실이 우리의 욕망을 좌절시키고 예측 불가능하게 만든다는 사실을 담담하게 받아들인다.

소크라테스의 선문답

우리는 인생에서, 일상과 현실에서 수많은 시련을 마주한다. 산다는 것은 그 자체로 견디기 힘든 시련이 아닐까? 그런데 우리는 정말로 그런 시련에 맞설 준비가 되어 있을까? 우리 앞에 버티고 있는 거대하고 묵묵한 현실은 우리의 욕망을 가차 없이 짓밟기도 하고 실현시켜주기도 한다. 이런 상황에서 철학은 무엇보다도 자동차에 작용하는 공기역학 같은 역할을 한다. 공기역학이 자동차의 방향 전환에 영향을 주듯이, 철학은 현실을 대하는 우리의 태도를 바꾸는 데 도움을 준다. 철학은 단순히 오랜 상처를 치유하거나 미래의 불안을 달래주는 것이 아니라, 매우 현실적이고 성가시며 강박적인 현재의 고통을 치유해준다. 이때 철학이 제시하는 담론은 진단을 내리는 의사의 말처럼 결코 가볍게 여길 수 없다.

그럼에도 우리는 철학적 담론을 난해한 선문답이나 고리타분한 연설쯤으로 치부하고, 으레 "아, 소크라테스가 한 말이군요. 그럴 줄 알았어요"라는 말을 되풀이한다. 그러나 의학으로서의 철학은 이런 철학적 담론을 통해 작동한다. 소크라테스가 말을 하고 철학이 그의 목소리를 들려주는 것으로 충분하다는 듯, 우리는 그 담론에 금세 무장 해제가 된다. 그렇게 철학은 우리의 쓸데없는 수다를 멈추게 하고 그 모든 것이 헛되고 쓸데없다는 것을 깨우쳐준다. 어디에서도 들을 수 없고, 그것만의 방식으로 우리에게 말을 거는 철학이라는 새로운 언어 앞에서 우리는 그저 당황할 수밖에 없다.

철학은 아무것도 설명해주지 않지만 우리에게 커다란 경종을 울린다. 우리를 어리둥절하게 만드는 힘이 있는 철학적 개념은 행위와 동일한 무게를 가지며, 어떤 사건이 벌어질 때처럼 우리를 놀라게 하고 그것에 주의를 기울이게 한다. 우리는 철학이 제기하는 질문을 한 번도 생각해보지 않은 까닭에 그 앞에서 난처해지고 만다. 그래서 그런 질문을 받을 때

"아, 소크라테스가 한 말이군요"라는 말만 되뇔 수밖에 없다. 우리에게 지성이나 재치가 없어서가 아니다. 소크라테스의 담론이 너무나 파격적이어서 그 앞에서 마땅히 대꾸할 말을 찾지 못하는 것이다.

이렇게 우리에게 답하기 곤란한 질문을 던지는 것이 바로 철학의 화법이자 특성이다. 우리는 평소에 그런 질문을 떠올리지도 않고, 자신에게 그런 질문을 던지지도 않는다. 그런데 소크라테스가 우리에게 곤란한 질문을 던질 때, 우리 앞에는 완전히 새로운 미지의 가능성이 열린다. 철학은 본질적으로 인습과 전통을 파괴한다. 예컨대 소크라테스의 영향을 받은 고대 그리스의 견유학파는 관습, 제도, 전통을 부정하면서 돌발적이고 당혹스러운 철학적 담론을 제시하는 것을 넘어 세상을 도발하려 했다.

철학이 육체와 영혼의 질병을 치유한다고 말하는 이유는 그것이 감염을 일으키는 요인을 식별하고 제거할 수 있기 때문이다. 그러므로 철학은 항체의 천연 공급원이라 할 수 있다. 그중 가장 널리 알려진 항체는 바로 이성이다. 수 세기 동안 우리를 괴롭히는 질문에 해답을 주는 역할을 해온 이성은 진리를 알아보고 표현하는 능력을 가졌다. 이성은 세상과 인간, 그리고 신에 대한 앎이다. 그래서 우리가 이해할 수 있는 것이 무엇인지, 우리에게 유익하고 적합한 것이 무엇인지를 명확하게 밝혀준다. 동시에 이성은 우리에게 이성만의 특별한 약을 투여해 우리의 확신을 무너뜨린다. 소크라테스는 끊임없이 질문하고, 그 질문을 통해 사람들의 무지를 일깨우는 자신을 소의 등에 붙어 소를 성가시게 하는 '쇠파리'에 비유했다. 그는 스스로 건강하다고 자부하고 있지만 실제로는 병들어 있는 사람들의 질병을 진단했다. 그러나 때로 어떤 이들은 끝내 자신의 확신을 의심하지 않은 채, 과거의 확신이라는 잔해에 매몰되어 치유되지 못했다.

철학의 의사는 질병 그 자체가 아니라 병에 걸린 사실을 인식하지 못하는 것에 더욱 주목한다. 다시 말해, 철학자는 우리의 건강을 위협하지만 일상화되어 우리가 경계하지 않는 바이러스가 존재한다는 사실을 일깨워준다. 다른 의학이 상처 난 다리에 반창고를 붙여주는 것에 그친다면, 철학이라는 의학은 인간 자체를 변화시켜 다른 의학이 고안해낸 모든 치료제를 쓸모없는 것으로 만들어버린다.

철학은 가혹하고 잔인하다

이성과 모순이라는 치료제를 처방하는 철학이라는 독특한 의학은 연민은 두려움의 표시이고, 사랑은 잔혹한 행위이며, 자유의지는 환상일 뿐이고, 인간은 언제나 노예를 자처한다고 주장한다. 그리고 우리는 이런 의학을 원치 않는다. 우리는 입맛에 맞는 요리와 신묘한 치료제로 스스로를 치유할 수 있다며 철학적 치유를 거부한다. 이에 소크라테스는 병든 아이는 낫기 위해 쓴 약을 먹어야 하지만 분별력이 부족해서 의사의 처방을 거부하고 요리사의 달콤한 음식만을 원한다면서 "요리사에 의해 아이들 앞에서 재판을 받는 의사처럼, 나 역시 재판정에 서게 될 것"이라고 개탄했다.[9]

병들어 있으면서도 병에 걸렸는지 모르는 우리는 소크라테스가 지적한 우리의 모습을 인정하려 들지 않는다. 그래서 우리는 소크라테스가 등장하는 그 유명한 동굴 우화를 들으면 이렇게 반박할 것이다. "그것 참 이상한 비유군요. 그 죄수들도 이상하기 짝이 없고요!" 그럼 소크라테스는 이렇게 대꾸할 것이다. "그 죄수들의 모습이 바로 그대들의 모습이오!"[10]

철학은 공감이나 동의로 치유하지 않는다. 상대를 도발해 그의 신념을 깨뜨리지 않으면 진리는 수면 위로 드러나지 않을 것이고, 그는 언제까지나 진리에 무관심한 채로 살아갈 것이다. 실제로 철학에는 만천하에 드러내고 싶지 않은 상처를 짓눌러 더욱 고통스럽게 하는 잔인함이 내포되어 있다. 이렇게 가혹하고 잔인한 철학은 무자비하게 우리의 영혼을 몰아붙이고 불안하게 하면서 우리의 영혼이 더 깊이, 더 간절하게 진리를 구하도록 한다.

우리는 철학, 흑사병, 잔인함을 원하지 않는다. 비겁해서? 아니면 안락한 삶에 안주하고 싶어서? 그럼에도 우리는 그것들을 되돌아봐야 한다.[11] 가려져 있던 것을 드러나게 하는 철학은 "우리의 가면을 벗기고 우리의 거짓, 나약함, 비열함, 위선을 폭로한다. 또한 잠들어 있는 우리의 생각, 심지어 타성에 젖은 우리의 삶을 뒤흔든다".[12] 철학은 관습을 타파하고, 감언이설을 거부하며, 삽시간에 퍼져 나가 공유되는 여론을 경계한다. 또한 우리의 생각과 언어에 "실질저으로 무언가를 표현하고 드러내는" 힘을 되돌려준다.

철학은 움직이지 않는 정물이 아니기에 불편함을 유발

할 수밖에 없다. 모진 각성과 성찰의 과정이 조금도 고통스럽지 않다면, 이는 질병에 비해 치료제의 약효가 약하며 철학을 실천하는 것이 아무런 도움이 되지 않는다는 뜻이다. 오로지 철학만이 진리와 선악, 자유와 예속, 신의 존재와 부재 등 우리가 심리학적으로 해석하여 성격 테스트나 단순한 기질의 문제로 치부해왔던 "위대한 관심사와 위대한 본질적 열정을 되살려줄 수 있다".[13]

철학은 심리학과 다르다. 심리학은 인간 자체가 아닌 결정론과 인간이 지닌 조건(사회적 지위, 종교, 성별, 세대 등)을 바탕으로 단지 인간의 행동, 정신 상태, 정신 장애만을 탐구한다. "실제로 많은 심리학 연구에는 엄격함 없는 철학, 의무 없는 윤리, 통제 없는 의학이 뒤섞여 있는 듯하다."[14] 철학이 다시 제 역할을 하려면 이와 같이 통제 없는 의학, 의무 없는 윤리, 무기력하고 해이한 심리학과 철저하게 구분될 필요가 있다. 우리의 병이 심각하다고 해도 절망하기는 이르다. 모든 질병에는 저마다의 치료법이 존재하기 때문이다.

PART 01

육체의
고통

육체에
대하여

○

철학이 영혼을 치유하는 의학으로서 정신분석학과 심리학 사이에서 독특한 위치를 점하고 있으며 나름의 유용성이 있다는 주장을 인정한다 해도, 철학이 육체의 질병을 치유할 수 있으며 육체에 관한 문제를 진지하게 다룬다는 주장에는 고개가 갸웃거려질 수밖에 없다. 그럼에도 철학의 도움을 가장 필요로 하는 문제는 어쩌면 육체에 관한 문제인지도 모른다. 육체는 온전히 겉으로 드러나 있기에 이 세상에서 끊임없이 대상화되는 까닭이다. 하물며 '여성은 태어나는 것이 아니라 만들어지는 것'이라는 억압을 받으며, 타자의 시선에서 자유롭지 못한 여성의 육체는 오죽하겠는가.

육체는 타협하지 않고, 이성으로 통제되지 않으며, 해석의 여지를 남기지 않는다. 고통이 밀려오면 고통을 느끼고, 추한 것은 추하게 보인다. 육체에는 쾌락과 고통, 아름다움과 추함처럼 모든 종류의 흑백논리와 첨예한 대립이 존재한다. 현실에서 우리의 미묘한 부분들은 등한시되기 일쑤고, 아무런 신비도 없이 겉으로 드러나 있는 모습만이 우리를 대변한다. 우리의 육체는 외면적이고 대개 수정이 불가능하다. 우리의 체중과 키, 뼈와 살같이 본질적으로 쉽게 바뀔 수 없는 육체적 현실에 대해 우리는 그저 막연한 위로나 인공적 보철 치료 정도를 기대할 수 있을 뿐이다.

솔직히 누구나 아름다운 외모를 갖고 싶어 한다. 삶이란 태어나는 순간 첫 추첨이 이루어지는 거액의 복권과 같다. 운이 좋아 번호를 잘 뽑으면 아름다운 얼굴과 멋진 몸매를 가질 수 있지만, 반대의 경우라면 못생긴 외모를 갖게 된다. 고대 그리스 로마 시내 사람들이 왜 신들을 인간의 행운이나 불운을 결정하는 운명의 신인 모이라이(Moirai)나 파르카이(Parcae)로 상상했는지 이해가 갈 법하다. 우리가 삶의 방향을 탐색하고 결정하기도 전에 삶의 시작점에서 우리가 선택하지도 않은 아름다움이나 추함이 결정되는 셈이니 말이다. 우리는 그것을 우리의 의지나 자격과 관계없이 받아들일 수밖에 없다. 그리고 이 모든 것의 근원에는 외모 선택에 대한 절대적인 무작위성, 즉 우리가 나중에 어떤 수정을 가한다 해도 타고난 외모는 바꿀 수 없다는 불가피성이 존재한다.

철학의 진단

174센티미터, 60킬로그램, 녹색 눈, 갈색 머리. 우리를 규정하는 것은 무엇보다 숫자로 표시되는 신체 사이즈와 눈이나 머리칼의 색깔처럼 겉으로 드러나는 외모, 즉 육체다. 아이러니하게도 우리가 누구인지 알아볼 수 있게 해주는 것들은 우리가 선택한 것이 아니다. 또한 우리의 특성을 보여주고 타인과 구별 짓는 것들은 우리가 원한 것이 아니다. 그러므로 나의 육체, 나의 외모는 나인 동시에 내가 아니다. 겉으로 드러나는 외모가 나인 이유는 그 눈과 손이 엄연히 내게 속해 있기 때문이다. 반면 나의 외모가 내가 아닌 이유는 그것이 나의 뜻과 상관없이 내게 주어졌을 뿐, 내가 스스로 만들거나 결정한 것이 아니기 때문이다. 나의 눈과 손은 분명 나이지만 동시에 내가 아니며, 나의 전부는 더더욱 아니다. 그것은 우리가 태어나면서 받은 원재료 같은 것으로, 우리는 후에 다이어트, 운동, 스타일링, 성형 등으로 이 원재료를 변형할 수 있다.

타고난 외모를 못마땅하게 여길수록 외모를 가꾸는 데 치중하게 된다. 주어진 원재료를 변형해 보다 세련되고 아름답게 만들기 위해 갖은 노력을 기울인다. 우리는 자신의 육체와 얼굴을 원하는 모습으로 만들기 위해 운동을 하고 화장을 한다. 그렇게 몸매는 더욱 매끈해지고 얼굴은 더욱 매력적으로 변하며, 눈매는 더욱 또렷해지고 표정은 더욱 풍부해진다. 우리는 육체의 육체성과 물질성을 있는 그대로 두지 않는다. 외모를 가꾸는 일은 영혼, 즉 인격을 가꾸는 일로, 우리가 누구인지, 어떤 모습이 되고 싶어 하는지를 표현하는 것이나 다름없다. 그렇기에 우리는 침묵하고 있는 육체에 말을 걸고 벌거벗은 육체를 단장한다.

철학의 치료법

철학은 육체의 영역에서 무엇을 할 수 있을까? 철학은 대단히 형이상학적인 것처럼 보인다. 다시 말해, 육체와는 크게 관계가 없어 보인다. 철학자들이 자신에 대해 언급하고 자신의 사상을 1인칭으로 표현한 경우는 더러 있지만, 그들은 결코 자신의 외모에 대해서는 논하지 않는다.[1] 그리고 바로 이 지점에서 문학과 철학이 구별된다.

철학은 외모의 묘사를 중요시하지 않거나 거의 언급하지 않는다. "내 나이는 마흔다섯이고, 내 이름은 르네 데카르트다. 나의 코는 크고, 눈동자는 검은색이며, 미간이 좁은 편이고, 머리칼은 억센 편이다." 데카르트의 《성찰》 어디에서도 이런 묘사는 찾아볼 수 없다. 영혼과 육체의 관계를 탐구했던 위대한 사상가 데카르트는 육체는 철학의 관심사가 아니라는 듯, 데카르트가 되는 것이 어떤 의미인지, 즉 데카르트의 얼굴을 갖는 것이 어떤 의미인지에 대해서 단 한마디도 언급하지 않았다.

그러나 소크라테스는 머리털과 먼지에도 이데아와 마찬가지로 관심을 가져야 한다고 말했다.[2] 같은 맥락에서 프랑스 철학자 에마뉘엘 레비나스 역시 얼굴을 진정한 철학적 사유의 대상으로 바라보면서 타자의 얼굴을 통해 타자의 존재와 인간의 존재를 경험할 수 있다는 독창적인 사상을 전개했다. 레비나스는 우리가 타자의 얼굴을 대면할 때, 그 얼굴은 윤리적 의미를 가지며 그가 적이든 친구든 그의 얼굴은 그를 죽이지 말라는 명령의 현현이라고 설명했다. 예부터 전해 내려온 계율은 타자의 얼굴로 나타나 우리에게 그 계율을 지켜야 한다고 당부한다. 따라서 타자의 얼굴은 그 자체로 계율이자 금기다 ("살인하지 말라"). 또한 그 얼굴은 내 눈앞에 있는 인류의 얼굴이다. 그러므로 우리는 타자의 얼굴에서 눈이나 이마, 턱 같은 육체적 요소 말고 얼굴이 내보이는 윤리적 명령, 인간의 조건을 초월하는 그 명령을 볼 수 있어야 한다.[3]

이런 철학이 자신이나 타인의 외모를 받아들이는 데 도움이 될까? 타인은 인간의 조건을 초월해 추상적이고 윤리적인 모습으로 우리 앞에 나타나지 않는다. 타인에게는 늘 이런저런 특징, 생김새, 냄새가 있게 마련이다. 누군가를 도저히 좋아할 수 없게 하거나, 반대로 누군가에게 열정을 품게 하는 것은 겉으로 보이는 외모이지 모든 인간을 존중하라고 말하는 윤리적 명령의 얼굴이 아니다. 그렇다면 철학은 얼굴, 즉 육체가 우리에게 어떤 의미인지 설명해줄 수 있을까?

고양이의 시선을 대면하기

우리는 단지 마스카라, 향수, 이런저런 화장품들로만 자신을 꾸미지 않는다. 무언가를 드러내거나 숨길 수 있는 옷이나 언어로도 자신을 꾸민다. 우리가 말을 할 때, 침묵하고 있던 육체는 비로소 깨어나 우리 자신과 타인에게 존재감을 드러낸다. 그럴 때 우리의 육체라는 무성영화는 몸짓과 말을 통해 하나의 이야기가 된다. 말하자면 물질성을 지닌 육체에 영혼이 깃드는 것이다. 그래서 우리는 언어를 사용할 수 없는 상황에 처했을 때, 즉 우리의 개성을 드러낼 수 없을 때 우리가 누구인지, 육체가 우리에게 어떤 의미인지를 온전하게 이해한다. 예컨대 우리는 그저 하나의 육체로 환원되는 순간, 즉 발을 헛디며 넘어질 때, 혼자 있다고 생각했으나 누군가가 나를 바라보고 있을 때, 나의 말에 아무도 귀를 기울이지 않을 때, 길을 걷다가 유리창에 비친 내 모습을 우연히 보게 될 때 수치심을 느낀다. 이 모든 상황에서 우리는 자신의 생각이나 감정을 말로 표현할 수 없는, '지성'이 결여된 육체에 불과하다.

프랑스 철학자 자크 데리다는 자신이 키우던 고양이의 시선 앞에서 육체가 무엇을 의미하는지, 겉으로 보이는 육체라는 원재료에 어떤 의미가 있는지를 고찰했다. 데리다는 말을 하지 않거나 언어가 통하지 않는 존재를 마주할 때, 즉 대화, 매력, 사회적 또는 문화적 규범이라는 수단이 없을 때 우리는 벌거벗은 채 타자의 시선에 노출된 육체에 지나지 않는다고 주장했다.

데리다는 자신과 함께 살고 있던 고양이와의 에피소드를 예로 들었다. "나는 종종 스스로에게 내가 누구인지를 묻곤한다. 특히 샤워 후 나의 발가벗은 몸을 응시하는 고양이의 시선에 곤혹스러워하며 부끄러움과 수치심을 느낄 때 내가 누구인지를 생각해보았다. 이렇게 참기 힘든 부끄러운 감정은 어디에서 오는 것일까? (중략) 동물의 집요한 응시 앞에 벌거벗은 채로 서 있는 이 곤란한 순간은 원초적이고 독특하고 압도적인 경험이다. (중략) 이 경험은 발가벗은 동물 앞에서 인간의 발가벗음이 얼마나 부끄러운 것인지 알게 한다."[4] 이런 낯선 경험을 통해 우리는 자신을 있는 그대로 보고 온전히 받아들일 수 있는 힘을 기를 수 있다. 자신의 육체를 부끄럽게 생각하는 이들에게 고양이의 시선을 대면하는 일은 고역일지 모른다. 그러나 그것을 극복하면, 자신감을 얻고 인간이라는 동물의 시선 역시 당당하게 마주할 수 있을 것이다.

죽음에
대하여

○

철학은 관점을 뒤집어 끝을 진정한 시작으로 볼 수 있어
야 한다고 말한다. 실제로 에피쿠로스, 마르쿠스 아우렐리우
스, 몽테뉴와 같은 몇몇 철학자들은 삶이란 사소한 것이며 중
요한 것은 죽음을 생각하며 사는 것이라고 주장했다. 철학은
삶보다는 죽음에 천착한다. 평범한 사람들은 영원히 죽지 않
을 것처럼 살지만, 철학자는 하루하루를 마지막 날인 것처럼
살아가려 한다.

삶은 죽음을 예비하고 있다는 가혹한 진실을 깨닫게 하
는 것, 그것이 바로 철학이 우리를 위해 마련한 치료제다. 그

렇다면 우리는 죽음에 대해 진지하게 성찰할 수 있을까? 죽음에 대해 무엇을 성찰해야 할까? 모든 것이 덧없다는 것? 매 순간을 충만하게 살아야 한다는 것? 아니면 삶이 영원할 것처럼 살아야 한다는 것?

철학의 진단

"그래도 산 사람은 살아야지." "시간이 다 해결해줄 거야." "그가 더 이상 고통받지 않을 테니 차라리 잘됐다." 사랑하는 이를 잃고 고통에 빠져 있을 때, 이런 말들은 위로는커녕 노여움을 불러일으킨다. 죽음 앞에서 모든 것이 멈춰버리는 까닭이다. 우리는 죽음이라는 단어를 입에 올리는 것조차 꺼린다. 그 단어는 우리가 죽음 앞에 한없이 무력하다는 잔인하고 돌이킬 수 없는 현실을, 메스껍고 역겨우며 불쾌한 현실을 퍼뜩 깨닫게 하기 때문이다. 우리는 그가 우리 곁을 떠났다거나 먼길을 떠났다거나 심지어 눈을 감았다고 말하면서, 절대로 죽음이라는 단어를 말하지 않는다. 그래서 프랑스 고전작가 라 로슈푸코는 "태양도 죽음도 똑바로 응시할 수 없다"는 말을 남기기도 했다.[5]

우리는 언제나 자신의 죽음이 아닌 타인의 죽음, 사랑하는 이의 죽음만을 경험한다. 그래서 죽음은 애도의 얼굴을 하고 있다. 모든 것을 멈추게 하는 죽음은 나날들이 계속해서 흘러갈 것이라는 당연한 사실과 그의 존재가 나와 연결되어 있다는 분명한 사실을 보란 듯이 무너뜨린다. 사랑하는 이의 죽음으로 우리는 흘러가는 시간이 아닌 삶의 덧없음을, 그의 부재가 만들어낸 절대적이고 극단적인 공허를 경험한다. 바로 그 순간이 삶에서 무(無)를 대면하는 유일한 순간이다.

　　사랑하는 이를 잃은 고통은 상실이나 단절과 같은 비유를 허락하지 않는다. 낙담이니 단념이니 실연이니 하는 말로는 사랑하는 이의 죽음을 표현할 수 없다. 떠나는 것과 죽는 것은 엄연히 다른 이야기이기 때문이다. 죽음은 다른 어떤 것과도 비교할 수 없으며, 이로 인해 우리가 겪는 고통은 감히 상상조차 할 수 없다. 죽음도, 사랑하는 이를 잃은 고통도 우리의 의지나 자제력으로 극복할 수 없다. 우리는 사랑하는 이가 살아 있을 때, 우리에게 아무런 고통이 없을 때 사용했던 말들로는 죽음과 애도를 표현하지 못한다. 그래서 그 고통은 문학의 소재로 적합하지 않고 이야기도 될 수 없다. 사랑하는 이의 죽음은 그저 경험하는 것이 아니라 고통에 짓눌리는 것이며, 그 고통은 영원히 계속된다. 요컨대 삶과 동떨어져 있는 죽음은 한없이 고통스럽고 견딜 수 없는 일이다. 죽음은 두려운 것이 아니라 끔찍한 것이다.

우리는 죽음이 눈앞에 있는 것이 아니라 우리보다 한참 앞서서 항상 그 자리에 있고, 운명이자 주어진 조건이며 숙명이라는 사실을 받아들인다. 몽테뉴가 우정에 대해 정의한 "그가 그이기 때문에, 내가 나이기 때문에"라는 구절은 사랑하는 이의 죽음으로 겪는 고통 속에서 온전한 의미를 갖는다. 그는 나를 위해, 나는 그를 위해, 우리가 서로를 위해 존재했다는 사실은 그의 죽음과 함께 영원히 소멸된다. 우리는 사랑하는 이를 애도하며 그 사람을 우리의 기억 속에 붙잡아두려 하지만, 그가 더 이상 거기에 없다는 사실은 변하지 않는다. 그와의 관계는 그렇게 멈춰버리고, 남은 이의 고독만이 그의 빈자리를 가득 메운다.

플라시보 효과에 불과한 '현재를 즐겨라'

우리가 여기에 있는 것은 죽음이 여기에 없기 때문이다.

우리에게 죽음은 끊임없이 유예된다. 엄밀히 말해, 죽음은 우리와 상관이 없다. 우리가 살아 있는 한 죽음은 존재하지 않으며, 우리가 죽으면 우리는 더 이상 그곳에 없는 까닭이다. 그러므로 우리는 자신의 죽음을 결코 마주할 수 없다. 그래서 에피쿠로스는 "죽음은 우리에게 아무것도 아니다"라고 했다.[6] 우리가 살아야 하는 것은 오직 삶뿐이다. 그러므로 죽음을 생각하는 대신, 죽음의 그늘이 드리우지 않은 삶의 매 순간을 만끽해야 한다. 내일을 염려하지 말고 오늘을 즐겨야 한다. 고대 로마 시인 호라티우스도 말하지 않았던가. "현재를 잡아라. 내일은 가급적 생각하지 말고."[7]

그러나 현재를 즐기라는, 아니 내일을 생각하지 말라는 이 철학의 처방은 '언 발에 오줌 누기' 식 처방일 뿐이다. 현재를 산다고 해서 죽음의 불안이 사라지는 것은 아니기 때문이다. 지금의 행복이 갑자기 끝나버릴 수도 있다는 생각만으로 목이 콱 메는 듯한 기분을 느껴보지 않은 사람이 어디 있겠는가. 시간은 그 자체로 죽음의 동의어다. 모든 것은 흘러가면 다시 돌아오지 않는다. 우리가 살고 있는 지금 이 순간 역시 계속해서 흘러가고 있다. 우리는 매일매일 죽음을 향해 가고 있다. 현재를 산다고 해서 죽음을 피할 수는 없다.

또한 "죽음은 우리에게 아무것도 아니다"라는 말은 사랑하는 이를 잃은 고통을 조금도 위로해주지 못한다. 언젠가 고통이 사라지고 그 자리에 추억만 남는다고 해도, 시간이 다 해결해준다는 말은 거짓이고 기만이다. 사랑하는 이의 죽음은 단 한 번으로 끝나지 않고 매일 되풀이되기 때문이다. 우리는 날마다 그의 죽음을 다시 마주한다. 그를 그리워하는 일 역시 오늘로 끝나지 않고 매일 계속된다. 철학은 이 고통을 치유해 줄 수 있을까? 이 고통이 치유되기는 할까? 우리는 진지하게 죽음을 돌아볼 수 있을까?

철학의 치료법

솔직히 말해서 "우리가 다른 문제들에 대해서는 몹시 명민하게 반응하면서도, 죽음에 대해서는 거의 생각하지 않는다는 점은 정말 놀라운 일이 아닐 수 없다. (중략) 죽음과 색채에 대해 우리는 토론할 줄 모른다".[8] 죽음과 애도 앞에서 우리는 아무 말도 못 한 채 냉가슴만 앓는다. "연극의 다른 장면들이 모두 아름답다고 해도, 그 결말은 피로 얼룩진다. 결국 얼굴에는 흙이 덮이고, 그것으로 영원히 사라진다."⁹ 그렇게 삶에 마침표가 찍힌다. 나머지는 그저 허구이고 헛된 위로일 뿐이다. 이것이 바로 사랑하는 이를 죽게 하고 연극의 즐거운 장면을 끝내버리는 삶의 잔인함이다.

마음을 환기하기

절대적 슬픔도, 눈부신 빛도 견딜 수 없기는 매한가지다. 바라볼 수 없고 실감할 수 없는 것에는 치료법이 없다. 산다는 것은 그 어떤 것도 슬픔을 치유할 수 없다는 사실을 받아들이는 것이다. 슬픔을 위로하려고 하는 이들은 슬픔을 더욱 깊어지게 할 뿐이다. 몽테뉴의 말처럼, 우리는 슬픔으로 고통받는 이들이 "마음껏 한탄할 수 있도록 그들을 지지하고 격려해야 하며 그들의 슬픔을 인정하고 이해해야 한다".[10] 그런 다음 사랑하는 이를 잃은 슬픔이 온통 지배하는 삶에 조금씩 변화를 불어넣어야 한다. 멈춰버린 듯하고 상실감에 사로잡혀 삶 자체를 빼앗긴 듯한 생활에 이런저런 변화를 줄 필요가 있다. 어설픈 위로나 격려보다 주변을 환기하는 편이 낫다. "변화는 늘 고통을 덜어주고 무너뜨리며 흐트러뜨리기" 때문이다. 슬픔에 빠진 사람은 고통과 싸우려 들지 말고 "주변 환경, 일거리, 만나는 사람들에 변화를 주면서"[11] 고통을 가라앉혀야 한다. 다른 길과 다른 통로를 지나고, 다른 것을 생각하면서 잠시나마 고통을 잊어보려 해야 한다. 머릿속을 떠나지 않는 생각과 끈질긴 고통에 맞서 싸우기보다 다른 생각과 관심사로 고통을 달래야 한다.

한 발짝 뒤로 물러나면 다른 곳을 바라볼 수 있다. 특히 소소하고 즐거운 활동일수록 보다 쉽게 몰입할 수 있다. 이렇게 할 수만 있다면 삶에 드리운 죽음의 그림자를 잠시나마 걷어낼 수 있을 것이다.

질병에
대하여

○

우리는 언제나 죽음을 먼 훗날의 일로 여긴다. "살아 있는 한 희망은 있다"라는 말은 우리가 얼마나 죽음을 생각하지 않고 살아가고 있는지를 여실히 보여준다. 그러나 우리는 살아 있는 동안에도 죽음을 경험할 수 있다. 바로 병을 앓을 때다. "이런 관점에서 볼 때, 병듦보다 더 비참한 것은 없다."[12] 병은 우리의 삶을 산산조각 내고 삶의 생기를 앗아간다. 생(生)은 언젠가는 소멸한다. 그러면 우리는 어떤 삶을 살아야 할까?

철학의 진단

병에 걸리면 고열이 나고 식은땀이 줄줄 흐르며 삭신이 쑤신다. 뼈 마디마디, 눈을 비롯해 어디 한 군데 아프지 않은 곳이 없고 몸은 천근만근이다. 오한으로 몸이 으슬으슬 떨리다가 물 먹은 솜처럼 축 늘어진다. 이렇게 기운이 다 빠져나가 다시는 일어날 수 없을 것만 같다. 병은 우리를 완전히 거꾸러뜨리지도 않으면서 우리를 장악한다. 병은 모든 곳에서 우리가 우리 자신으로 존재하는 것을, 움직이고 걷고 생각하는 것조차 방해한다.

우리는 병이라는 이물질에 공격당하고 사로잡혀 자신을 잃어버린 채, 일어서고 생각하고 숨 쉬는 등 무의식적으로 하던 모든 일을 할 수 없게 된다. 그러므로 건강이란 딱히 신경 쓰지 않아도 육체가 아무런 문제를 일으키지 않고 제대로 기능하는 상태, 신체 기관의 평안[13]이라 할 수 있다. 즉 건강한 신체는 생물체라기보다 먼지 한 톨 없는 톱니바퀴가 한 치의 오차도 없이 맞물려 돌아가 태엽을 감아줄 필요도 없이 작동하는 괘종시계처럼 성능 좋은 기계에 가깝다.

병은 육체만이 아니라 인격, 성격, 의지 등 우리의 모든 것을 압도한다. 더구나 죽음에 이르지는 않지만 결코 치유되지 않으며 매일 그 존재감을 드러내는 고질병을 앓는 경우라면, 병은 돌발적인 사고가 아니라 받아들일 수밖에 없는 또 다른 삶이 된다.

병은 뻐꾸기나 기생충처럼 삶 속에 몰래 자리를 잡고 혈관을 돌아다니며 폐 속 공기와 머릿속 생각을 점령한다. 병듦은 또 다른 삶 그 자체로, 죽음을 예비한 삶이 아니라 그 본질이 사라진 삶이다. 삶이 없는 삶, 그것이 바로 병이 주는 고통이다. 우리와 하나라고 생각했던 육체는 우리에게서 분리되어 검사되고, 진단되고, 뭔가가 주입되고, 이름조차 알 수 없는 부위로 구분된다. 병은 육체를 하나의 사례, 일련의 증상, 지속적인 기능적·생물학적 결함으로 전락시킨다. 그러면서 육체와 정신이 분리되어 있다고 믿는 현대 의학의 심신이원론(心身二元論)에 우리를 굴복시킨다. 우리가 육체와 정신이 분리되어 있다고 믿게 되었다면, 그것은 데카르트 때문이 아니라 현대의 의사들 때문일지도 모른다.

질병은 싸워야 할 대상이 아니다

병에 걸린 환자는 전사가 되어 병마와 싸워야 한다. 회복하려면 절대 포기해서는 안 되며 마음을 강하게 먹고 병에 굴복하지 않아야 한다. 그것은 일종의 대결로, 모든 대결이 그렇듯 승자와 패자가 존재한다. 그래서 환자는 투사가 되어야 한다. 간혹 누군가는 병마와 싸우면서 극기를 기르고 자신의 잠재력과 정신력을 시험해볼 수 있으니 투병을 인생의 좋은 기회로 삼을 수 있어야 한다고 말한다. "나를 죽이지 못하는 것은 나를 더욱 강하게 할 뿐"이라는 말 역시 이와 맥을 같이한다. 고통이 극에 달했을 때 병마와의 싸움에서 승리한다면, 환자는 영웅이 된다. 그러면 그는 자신을 응원해준 관중들에게 인사를 하고 '승리의 찬가'를 부를 것이다.

그러나 병을 싸워야 할 대상으로 보고 그것을 이겨내는 과정에서 삶의 교훈을 얻을 수 있다고 말하는 것은 허튼소리에 불과하다. 환자가 치료를 잘 받고 병에서 회복될 수 있도록 응원하는 것은 당연한 일이겠으나, 치료의 과정은 스포츠 경기가 아니며, 그가 병에 걸린 것은 훈련의 양이 충분하지 않거나 게을러서가 아니다. 그러니 환자는 병에 걸린 것에 책임을

지고 싸우지 않아도 된다. 암은 스스로 만들어낸 것이 아니기에 그것과 싸워 이길 필요가 없다. 삶을 계속 이어 나가는 것만으로도 환자는 충분히 제 몫을 다하고 있다.

병을 싸워야 할 대상으로 인식하면, 환자는 병에 걸린 것을 부당하다고 느끼면서 병의 이유, 원인, 근원을 찾으려 하고 목표와 수치에 골몰해 의미 없는 것들에 의미를 부여한다. 이미 병에 걸려 고통받고 있는 환자에게 어떻게 이런 죄책감까지 뒤집어씌울 수 있겠는가. 병을 이겨내지 못하는 환자는 패자란 말인가? 이는 운동을 하지 않으면 건강을 지킬 수 없다는 우리의 편견에서 비롯된 시선이 아닐까? 그게 아니라면 성과와 효율, 자존감을 높이는 자아실현 등 노동 시장에 적용할 수 있는 것들을 건강 영역에까지 적용한 결과가 아닐까? 병은 전투가 아니므로 영웅이 될 필요가 없다. 병에 걸렸을 때 할 수 있는 오직 한 가지는 병을 받아들이고 함께 살아가는 일뿐이다. 그것만으로도 충분하다.

철학의 치료법

앞서 이야기한 것처럼, 병은 돌발적으로 일어나는 사고

가 아니라 삶의 본질에 관한 문제다. 병은 우리의 육체, 장기, 뇌와 같이 몇몇 부분에만 영향을 미치는 것이 아니라 우리의 본질 자체, 온 존재에 영향을 미치기 때문이다. "갑작스러운 현기증으로 넘어지면 금세 툴툴 털고 일어날 수 있다. 그러나 병에 걸려 다시 일어날 수 없을 정도로 쓰러져버린다면 어떻게 다시 일어날 수 있겠는가. (중략) 이것이 바로 더디게 진행되는 질병의 가장 고통스러운 점이다. (중략) 그럴 땐 밑바닥까지 가라앉는 듯한 기분을 느낀다. 우리는 마치 자신의 뿌리가 뽑히는 것을 지켜보는 나무와 같고, 자신이 무너져 내리는 것을 지켜보는 산과 같다. (중략) 그것은 자신의 소멸, 해체 또는 붕괴다."14 이것이 바로 질병의 민낯이다. 질병의 반대말은 건강이 아니라 질병을 극복하는 능력, 즉 병에 걸렸음에도 불구하고 그것에 아랑곳하지 않고 새로운 삶의 기준을 설정하여 활기찬 삶을 유지할 새로운 방식을 찾는 능력일지도 모른다. 다시 말해, 건강이란 질병을 극복한 상태라고 말할 수 있을 것이다. 그러나 병에 걸렸다는 사실을 알았을 때, 그 일로 위축되고 나약해지고 쇠약해질 때, 어떻게 해야 생명의 활력에 대한 믿음을, 생명에 대한 근본적이고 본능적인 믿음을 잃지 않을 수 있을까?

몇몇 철학자들은 병에 걸렸음에도 건강을 지킨다는 이유로 의학에서 권유하는 치료를 거부하는 극단적인 태도를 보이기도 했다. 데카르트와 이반 일리치가 그랬다. 그들은 의학에 의존하는 것은 곧 병에서 회복되기를 포기하는 것이라고 믿었다. 예컨대 데카르트는 스웨덴 여왕에게 철학을 가르치기 위해 스웨덴으로 갔다가 그곳의 극심한 추위 때문에 폐렴에 걸렸고, 의사들은 그에게 사혈(瀉血) 치료를 권했다. 그러나 데카르트는 "프랑스의 피를 함부로 낭비하지 말라"며 의사들에게 호통을 치고는 차라리 담뱃잎을 넣은 따뜻한 포도주를 달라고 부탁했다. 자신에게 필요한 것은 의사보다 자신의 몸이 더 잘 안다고 생각했던 것이다.

데카르트는 영혼이 기록하고 번역하여 우리에게 해롭거나 이로운 것이 무엇인지 알려주는 생체의 언어에 귀를 기울여야 한다고 말했다. 또한 인간에게는 정신만 존재하는 것이 아니며, 육체와 정신은 뇌 속에 존재하는 송방울샘(Pineal gland)이라는 기관을 통해 상호 작용을 하고 있다고 주장했다. 이처럼 데카르트의 철학은 육체를 배제하지 않았고 육체와 정신이 완전히 분리되어 있다고 주장하지도 않았다. 그러므로 그는 오히려 정신신체의학의 창시자라고 할 수 있다.

오스트리아 철학자 이반 일리치 역시 "살아 있는 사람의 특성을 앗아가는 의학에 생명을 의지하는 것은 오히려 건강에 해롭다"고 주장했다. 그는 의료 시스템이 건강을, 자기 자신과 자기 육체에 대한 통제력을 완전히 빼앗긴 환자를 되레 망친다고 말했다.[15] 이처럼 극단적으로 의학적 치료를 거부한다면 백혈병이나 류머티즘을 치료하기는 매우 어려울 것이다. 그럼에도 불구하고 이런 태도는 병이 대상화되고 점점 더 비인격적으로 변해가는 의료 시스템 속에서 환자가 자신의 몸과 마음을 지키기 위해 주체적으로 행동하고 결정할 수 있어야 한다는 의미 있는 메시지를 던진다.

질병의 은유에 저항하기

아리스토텔레스는 "상황에 맞지 않는 은유법이 있다"고 말했다.[16] 질병을 싸워서 이겨야 하는 전투에 빗대는 것이야말로 상황에 맞지 않는 은유다. 병에 걸리는 것을 실패로 보거나, 패배할 수 있지만 충분히 이길 수도 있는 전투에 비유하는 것은 부적절하다. 질병에 대한 이런 식의 비유와 환자를 향한 도덕적 훈계("포기하면 안 된다", "싸워서 이겨야 한다")는 질병을 전혀 이해하지 못하는 데서 기인하며, 이는 환자에게 죄책감을 불러일으킬 수 있다. 그러므로 환자가 싸워야 하는 대상은 질병 자체가 아니라 질병을 은유적으로 표현하려는 온갖 시도다.

미국 철학자 수전 손택은 암에 대해 "질병은 은유가 아니며, 질병에 대해 우리가 가질 수 있는 가장 정직한 태도이자 환자가 되는 가장 건강한 방법은 질병에 따라붙는 잘못된 은유에 저항하고 거기에서 벗어나는 것"이라고 말했다.[17] 질병을 그 이름으로 부르지 않고 있는 그대로 바라보지 않는 데서, 즉 질병을 근심의 결과 혹은 자신의 나약함을 깨닫고 자신을 극복하며 삶을 더 사랑할 수 있는 기회로 여기는 데서 그릇된 은유가 시작된다. 끔찍하고 잔인하며 경멸스러운 현실을 감추는 질병에 대한 모든 은유는 배격되어야 한다. 제아무리 '정신'이 중요한 역할을 하고 그것이 육체의 건강에 영향을 미친다고 해도, 다시 말해 정신과 육체가 상호 작용을 한다고 주장하는 정신신체의학을 존중한다고 해도, 질병을 통해 인생의 교훈을 얻을 수 있다는 말은 헛소리일 뿐이다. 질병은 어떤 교훈도 주지 않으며 아무런 가치가 없다.

질병은 다만 또 다른 삶을 사는 것이다. 그런데 "그 다른 삶에 속하려면 많은 비용이 든다. 우리는 건강의 세계와 질병

의 세계라는 두 세계의 이중 국적을 가지고 태어난다. 우리는

언제나 건강의 세계에서 쓸 여권을 갖고 싶어 하지만, 잠시라

도 질병의 세계에 다녀올 수밖에 없는 순간은 누구에게나 닥

치게 마련이다".[18]

고통에
대하여

○

　고통은 내게 육체가 있음을, 내가 살아 있음을, 살아 있는 것이란 만만치 않은 일임을, 삶이 흔들릴 수 있음을 깨닫게 한다. 그런데 우리가 고통을 경험한다 해도 그것을 말로 표현하기란 쉬운 일이 아니다. 고통을 겪을 때 우리가 할 수 있는 거라곤 끙끙 앓는 소리를 내며 삶이란 잔인하고 끔찍한 것이라는 무서운 사실을 인식하는 것뿐이다. 이런 가혹한 사실을 통해 우리는 삶이 고통이 될 수도 있음을 알게 된다.

　데카르트의 그 유명한 '코기토(Cogito, 사유하는 주체)'는 널리 알려져 있지만, 그가 《성찰》에서 자신에 대한 또 다른 근

본적인 경험, 즉 고통이 가져다주는 경험에 대해 논했다는 사
실은 거의 알려지지 않았다. 그는 고통으로 인해 육체 자체가
자기 자신이 되는 경험을 한다. 육체가 느끼는 것을 고스란히
경험하는 나는 육체 외에 아무것도 아니며, 그렇게 경험되는
고통은 고통이 아닌 모든 것을 거부한다. 이에 대해 데카르트
는 이렇게 고백했다. "이 육체(특정한 권리에 따라 내가 나의 육체라
고 부를 수 있는)가 다른 어떤 육체보다 내게 더욱 적합하고 친
밀하다고 믿었던 것은 그만한 이유가 있어서였다. 다른 육체
와 마찬가지로 내가 그 육체에서 결코 분리될 수 없고, 그 육
체 안에서 그 육체에 온갖 욕구와 애정을 느끼는 까닭이다."[19]

증상과 징후

고통에 직면해 할 수 있는 거라곤 그저 소리치고 울고
견디는 것뿐이다. 우리의 존재는 고통에 완전히 압도되어 지
배당하는 듯하다. 우리는 과거도 미래도, 기억도 역사도 없
는, 그리고 무언가를 말하거나 원할 힘도 없는, 생살이 드러난
상처에 불과하다. 고통으로 정지된 우리의 모든 것이 휩쓸려
간다. 우리는 더 이상 내면이 없고, 뒤로 물러나 숨을 곳도 없

으며, 계속해서 자기 자신으로 존재할 수 있는 곳도 없는 고통의 표상에 불과하다. 그게 아니라면 우리는 적어도 우리를 완전히 집어삼키는 고통 그 자체일 뿐이다.

엄밀히 말해, 우리는 더 이상 존재하지 않고 옴짝달싹하지 못한다. 우리는 단지 고통일 뿐이다. 우리는 심지어 우리가 느끼는 것을 상상할 수도 없으며 간신히 설명할 수 있을 뿐이다. 우리의 어떤 것도 이 고통을 피해 갈 수 없다. 이 부위 저 부위가 아픈 것이 아니라 온몸이 다 아프다. 우리는 육체적으로도 심리적으로도 고통에 압도되어 사라지거나 쓰러지거나 무너지지 않기 위해 애써야 한다. 이런 고통 속에서 우리는 정말로 무언가를 깨달을 수 있을까?

철학의 치료법

고통을 통해 무언가를 배운다는 그리스 비극의 메시지에 대개는 고개를 끄덕일 것이다. 그러나 정확히 무엇을 배운다는 말인가? 고통이 대체 어떤 가르침을 준다는 말인가? 고통에 과연 의미가 있기는 할까? 그래서 그 고통이 우리에게 유익한 교훈을 줄까? 어떤 이들은 우리가 고통을 변화시킬 수 있다고 말한다. 다시 말해, 고통의 부정적인 면을 긍정적으로 받아들여 또 다른 무언가를 만들어낼 수 있다고 주장한다. 그들은 마치 고통에 어떤 심오함과 발견해야 할 진실이 있으며 그것을 통해 더 의연하고 성숙한 사람으로 거듭날 수 있다는 듯 말한다.

그러나 그런 생각은 고통이 정신을 풍요롭게 하는 기회라고 여기는 고통효용론과 고통이 수양과 배움의 원천이라고 생각하는 도덕주의의 함정이다. 이에 체코 철학자 얀 파토츠카는 고통을 바라보는 이런 시각이야말로 "건강이 위태로운 사람들의 연대", 즉 "충격을 감내하고 삶과 죽음에 무엇이 있는지, 그리하여 그 역사에 무엇이 있는지를 아는 사람들의 연대"를 모욕하는 것이라고 말했다.[20] 고통을 견뎌본 사람들은 고통이 아무것도 할 수 없다는 것을 안다. 고통은 언제나 우리 곁에 있지만, 그럼에도 우리는 고통이 잠시 유예되는 순간 그 언저리에서 살아가기 위해 버둥거린다. 우리는 고통에 동화될 수 없고, 그것을 다른 것으로 바꿀 수도 없다. 고통은 우리를 더 힘차게 나아가게 하는 연료가 될 수 없고, 무언가를 창조하거나 글을 쓰거나 그림을 그릴 수 있는 소재도 될 수 없다. 고통은 돌과 같아서 피도 살도 의미도 쓸모도 없다. 우리가 할 수 있는 단 한 가지는 고통을 겪는 사람들의 하소연을 들어주는 일뿐이다.

하소연하기

고통을 극복해야 할 인생의 시련이라 여기며 예사롭게 받아들여서도 안 되고, 그것이 우리에게 잠재되어 있던 무언가를 드러나게 해줄 수 있다고 믿으며 미화할 필요도 없다. 고통을 겪는 것은 언제나 비참한 일일 뿐, 고통은 우리를 더 나은 사람으로, 더 강한 사람으로 만들어주지 않는다. 프랑스 철학자 폴 리쾨르는 "고통을 겪는 것이란 너무나 고통스러운 일"이라고 말했다. 철학은 이 지점에서 모순적일 수도 있지만 유용한 역할을 한다. 철학은 고통스러운 경험에 내포된 부정적인 면을 긍정적으로 바꾸려는 모든 시도를 거부하기 때문이다.

우리는 고통에 대해 말하지 않고 그저 그것을 견딘다. 고통은 남에게 전가할 수도 없다. 고통을 겪는 것은 나 자신이지 타인이 아니다. 고통은 타인으로부터 나를 떼어놓는다. 고통은 내게서 주체적인 행위와 움직임, 심지어 의지까지 빼앗아가고, 내게 수동성의 형벌을 내리면서 나에게서 나를 '축출'한다. 물론 극한의 고통은 매우 아름다운 시나 폐부를 찌르는 철학을 만들어낼 수도 있다. 그러나 이런 창조는 극한의 고통이 한 차례 지나간 후에나 가능한 일이다. 고통이 거기에 있는 한, 그 그늘에 가려져 어떤 것도 빛을 볼 수 없다.

그럼에도 불구하고 하소연을 하면서 우리는 스스로에 대한 주도권과 존엄, 그리고 삶을 되찾을 수 있다. 고통을 견디는 일이 행동의 반대편에 있는 극단적인 무력감을 경험하는 것이라면, 하소연은 그 무력감 속에서 행동하려는 시도이자 축출에 맞서고 내가 처해 있는 유형지에서 벗어나려는 의지다. 그런데 여기서 말하는 하소연이란 불평불만을 입에 달고 사는 사람이나 우울증 환자, 모든 일에 마음을 다치는 예민한 사람, 또는 아무것도 아닌 일에 의기소침해지고 피해의식에 절어 있는 사람이 늘어놓는 푸념이 아니다. 오히려 그것은 삶의 폭력성을 고발하는 신중하고 절제된 행위이며 '왜 하필 나인가', '언제까지 이 고통을 견뎌야 하는가', '왜 지금인가'와 같은 '항의'와 '규탄'의 행위다.

진정으로 품격 있는 철학은 고통을 견디는 이들의 하소연과 그들의 고통을 존중하면서도 대책 없이 낙관적인 격려의 메시지를 전달하기를 거부한다. 그래서 폴 리쾨르는 이렇게 말했다. "이런 풀기 힘든 문제의 해답이 무엇이든 간에 한 가지 태도는 금지되어야 한다. 바로 슬픔을 알지 못하고 희망을 흉내 내는 것에 불과한 낙관주의적 태도다."[21]

늙음에
대하여

○

　늙음이란 하루하루 다가오는 죽음이다. 그러나 이 죽음
은 어느 날 문득 자신이 늙고 쇠약해졌음을 깨닫기 전까지는
의식하지 못하는 사이에 조용히 아무런 고통도 없이 은밀하
게 다가온다. 우리는 젊음이 사라지고 난 뒤에야 젊음이 그저
인생의 한 시기에 불과한 것이 아니었음을, 나이가 어리다는
것 이상의 의미를 지니고 있었음을 깨닫는다.

　젊음은 다른 무엇과 비교할 수도, 대체할 수도 없으며
절대로 되돌아갈 수 없는 단 한 번뿐인 인생의 한 시절이다.
그래서 16세기 프랑스 시인 피에르 드 롱사르는 젊음에 대해

이렇게 썼다. "인간의 진정한 보석은 푸르른 젊음. 나머지 시간들은 겨울일 뿐."[22]

젊음이란 살아갈 날들이 더 많이 남아 있는 자의 경쾌하면서도 열정적인, 조금은 경솔하지만 여유로운 삶의 태도다. 아낌없이, 더함도 덜함도 없이, 후회도 불안한 희망도 없이 살아가는 것이다. 그렇다면 젊음이 사라진 후, 우리는 어떻게 그 상실을 극복할 수 있을까? 우리는 어떻게 늙음에서 치유될 수 있을까? 시인은 또 이렇게 썼다. "즐거운 태양이여, 안녕히…. 나의 육신은 모든 것이 해체되는 그곳으로 내려가 사라진다네." 헐벗고 야위어가는 것이 늙음이다. 우리는 육신이 메말라가는 이 경험을 결코 피해 갈 수 없다. 시인이 이렇게 한탄한 것처럼 말이다. "나에게는 뼈와 해골만이 남아 있네. 나는 앙상하게 바짝 말라 힘없고 나약해 보인다네."[23]

철학의 진단

프랑스 철학자 시몬 드 보부아르는 자신의 얼굴에 대해 이렇게 썼다. "나는 내 얼굴이라고 하는 그것 앞에서 깜짝 놀라 멈칫하곤 한다. (중략) 나를 스쳐 가는 사람들은 나를 보며 특별할 것 없는 딱 그 나이대의 오십 대 여자라고 생각할 것이다. 그러나 내가 보는 것은 앞으로도 치료되지 못할 수두 자국이 남은 한 여자의 얼굴이다."[24] 그 수두 자국은 나를 완전히 망가뜨리지는 않지만 흉측하게 만든다. 그 얼굴은 여전히 내 얼굴이고 이목구비도 그대로이며 눈빛과 표정도 분명 내가 맞지만, 내가 보는 것은 내가 아니다. 그 얼굴은 내가 아니지만, 그럼에도 그 얼굴은 나의 것이다. 내 마음속과 내 머릿속에서 나는 여전히 스무 살이지만, 내 모습은 그렇게 보이지 않는다. 노년기에는 인생의 다른 어느 때보다 내면과 외면, 내가 생각하는 내 모습과 실제 내 모습 사이의 괴리를 경험하게 된다.

늙음은 우리가 유일하게 경험할 수 있는 일종의 변신일지도 모른다. 나는 여전히 똑같은 나이지만 다른 사람이 된다. 엄밀히 말해, 내가 생각하는 '나'는 늙지 않았지만, 나의 육체와 정신, 나의 생각과 행동, 나의 욕망과 의지에서 치유되지 않을 회복 불가능한 상실을 느낀다. 이는 기억을 잃고 성격과 행동의 유연함을 잃는 것뿐만 아니라 삶의 생동과 빛깔을 잃는 것이기도 하다. 그렇게 이 세상, 나의 생, 나의 존재는 희미하게 퇴색된다.

우리는 이제 앞으로 나아가지 못하고 점점 더 느려진다. 어떤 의미에서 늙음은 아무 데도 가지 않지만 어딘가에 도착해 있는 것이다. 보부아르는 이렇게 말했다. "노화는 죽음보다 더 큰 반감을 불러일으킨다. 그도 그럴 것이 삶의 반대말은 죽음이 아니라 노화이기 때문이다. 노화는 삶의 패러디다. 노화가 이전 삶에 대한 터무니없는 패러디가 되지 않게 하는 유일한 방법은 우리의 삶을 의미 있게 해주는 목표를 계속해서 추구해 나가는 것이다. 바로 개인과 공동체에, 그리고 대의명분과 사회적·정치적·지적·창의적 작업에 헌신하는 것이다."[25] 늙어서도 무디고 둔해지지 않으려면 욕망, 분노, 과잉을 계속해서 유지할 수 있어야 한다.

철학의 치료법

늙는 것은 단지 나이의 문제가 아니다. 진짜 문제는 나이가 들어가면서 타성에 젖는 것이다. 새로운 시작을 주저하고 현상 유지에 만족할 때 우리는 늙는다. 늙어가면서 우리는 누구나 새롭게 거듭날 수 있고 마음만 먹으면 변화할 수 있으며, 모든 선택과 가능성이 손닿는 곳에 있다는 기대를 더 이상 품지 않게 된다. 그러나 삶을 예술로 만드는 것은 바로 그런 기대다. 우리는 자유롭게 무언가를 만들어내고 해체하면서 스스로를 자기 삶의 예술가라고 생각한다. 우리는 우리가 선택하지 않은 조건을 가진 채 "우리의 의사와 관계없이 이 세상에 던져졌지만"[26] 원한다면 창조할 수 있다는 믿음을 간직하고 있다. 그러나 이런저런 시간에, 이런저런 환경에서, 이런저런 얼굴과 성격으로 태어났다는 단순한 사실만으로도 이른바 자기 창조 능력은 한계에 부딪힌다. 산다는 것은 우리가 결정하지 않은 현실의 상황을 받아들이는 것이다.

그럼에도 우리는 우리의 의지에 따라 자유로워질 수 있고, 가능성을 시도해볼 수 있는 삶 속에서 "우연에 의해 존재하는 우리 자신에게서 벗어나 능동적으로 존재할 수 있다"[27] 우리는 혁명이나 영웅주의에 기대지 않고, 우리 내면의 힘을 기르면서 새로운 것을 시작할 수 있는 능력, 곧 탄생성(natality)을 발휘할 수 있다. 한나 아렌트에 따르면, 탄생성이란 늙음이나 젊음에 좌우되는 생물학적 현상이 아니라 비루하고 보잘것없더라도 무언가를 새롭게 시작할 수 있는 인간의 능력이다.[28] 우리는 새롭게 시작하면서 자기 주도권을 가질 수 있다. 이는 이것저것 마구잡이로 일을 벌이는 것도, 활동량을 늘리는 것도 아닌 언제나 변함없이 냉혹하게 우리를 짓누르는 세상사에 맞서 자신을 잃지 않고 의연하게 버티는 것이다. 겸허하게, 그러나 예상치 못한 것과 깜짝 놀랄 만한 것을 만들어내면서 다시 한번 세상에 충격과 감동을 주는 것이다. 무언가를 고백하는 것처럼, 눈에 띄지 않는 뜻밖의 현실을 드러내는 것이다.

새로운 것에 뛰어들기

젊음은 사그라들고 여름은 흘러가고 생은 소멸한다. 시간은 유한하며 되돌릴 수 없다. 두 번의 기회는 없다는 것, 이것이 바로 늙음이 가르쳐주는 혹독한 진실이다. 시간은 결코 되돌릴 수 없다. 우리는 과거로 돌아갈 수 없으며 영원한 것은 아무것도 없다. 삶은 노년을 향해 흘러가며 그 흐름 속에서 한 번 지나간 것은 다시 돌아오지 않는다.

이런 숙명의 내리막길을 거슬러 올라가는 방법이 있다. 한나 아렌트가 말한 것처럼, 뭔가를 시작하고 새로운 것을 세상에 선보이며 주도적으로 다양한 현실을 경험해보면서, 타성에 젖어 있기보다 탄생성을 실천해보는 것이다. 행위뿐만 아니라 말을 통해서도 우리는 "미래를 현재로 불러들이고" 새로운 것을 시작하고 혁신하며 시간을 앞서 미래를 대비할 수 있다. 이런 능력은 우리의 일상을 "놀라울 정도로 풍성하게 하고 실제로 기적 같은 변화를 불러일으킨다".

우리는 항구적이지 않으며 멈추지 않는 시간을 붙잡지 못한다. "존재의 영원한 순환에 끝없이 휩쓸려가는 운명"으로 세상에 잠시 머물렀다 가는 덧없는 존재도 아니다. 또한 삶의 제약과 결정론에 짓눌려 오직 현재만을 살면서 한곳에만 머물러야 하는 존재도 아니다. 우리는 "마지못해 타성에 젖어 사는 삶"에서 벗어나 "새로운 것에 뛰어들고, 죽음의 법칙을 따를 수밖에 없다는 인간사의 법칙"을 극복할 수 있다.

아무것도 영원하지 않고, 아무것도 확실하지 않다 해도 말과 행위로 운명을 극복하고 숙명을 거스를 수 있다. 그러므로 "인간은 비록 죽음을 맞는다 해도 죽기 위해 태어나는 것이 아니라 매일 새롭게 거듭나기 위해 태어난다는 것"을 마음속 깊이 새기고 간직해야 할 것이다.[29]

열정에
대하여

○

　　열정, 집착, 야망, 중독. 의학으로서의 철학은 우리를 들
뜨게 하고 고통스럽게 하는 이런 감정 상태들을 가장 폭넓게
연구해왔으며 실질적인 치료 대상으로 삼았다. 우리가 고통스
러운 이유는 무엇보다도 우리의 열정 때문이다. 철학은 정신
의학에 앞서 더 오래전부터 이 열정의 증상과 징후를 가장 정
확하게 분석하고 분류해왔다. 그리고 그 연구 결과는 오늘날
까지 영향을 미치고 있다. 일례로 19세기 프랑스 정신의학의
선구자 장 에티앙 에스퀴롤은 1세기 스토아철학을 참고하여
광증과 정신 질환의 개념을 정립하고 현대 정신의학의 기초를

다졌다.[30]

　스토아학파를 대표하는 철학자 크리시포스는 인간에게 네 가지 "본질적인 열망"[31]이 있다고 주장했다. 음식에 대한 열망, 술에 대한 열망, 여자에 대한 열망, 명예에 대한 열망이 그것이다. 모든 광기 어린 열망은 결코 해갈되지 않기에 열망에 지배당한 인간은 불행에 빠지고 예속적 존재가 된다.

증상

　사랑은 뱃속에 존재한다. 사랑에 빠지면 뱃속은 달궈진 쇠처럼 뜨겁게 달아오른다. 그는 나를 바라보고 내게 말을 하고 전화를 걸어올 것이며, 그는 나를 사랑하고 나도 그를 사랑한다. 심장은 터질 것 같고, 온몸은 전기 충격을 받은 듯 고통스러운 쾌락에 휩싸인다. 사랑의 열정은 열병이나 색맹 또는 부정맥 같은 질병과 다르지 않다. 이 열정은 딱히 이유도 없이 우리를 얼어붙게 하거나 뜨겁게 달구며 우리가 바라보는 색깔과 우리의 인식을 바꾸어놓는다. 이는 온갖 감정을 공연히 과도하게 만드는 일종의 기분 장애이며, 현실을 돌이킬 수 없을 만큼 그릇된 방식으로 이해하게 하는 정신 이상이다.

이런 열정은 판단력을 흐린다. 그래서 우리는 하찮은 것을 대단하게 여기고 쓸데없는 일에 목숨을 건다. 또 오직 지금이 순간만을 중요하게 생각하고 현실을 지나치게 왜곡한다. 열정에 사로잡힌 이들은 어리석고 고집스럽다. 그들은 사소한 일을 큰일로 받아들이고, 매 순간을 격렬하게 경험한다. 그래서 그들을 비웃으면서도 한편으로는 감탄할 수밖에 없다. 그들은 마치 다른 전압으로 사는 것 같다. 몸에는 전기가 흐르는 듯하고 신경은 곤두서 있으며 감정은 사방으로 발산된다. 그렇게 열정이라는 질병은 광기에 가까워진다.

17세기에 등장한 열정에 관한 많은 논고들은 인간이 경험하는 다양한 감정과 열정을 상세하게 분석하고 나열했다. 하지만 오늘날 우리는 열정에 대해 말할 때 사랑만을 언급한다. 사랑이 모든 열정의 근본이자 보편적 양상을 모두 보여준다고 생각하기 때문이다. 그러므로 야망, 질투, 슬픔, 두려움, 기쁨은 사랑의 또 다른 모습일지도 모른다. 사실 열정이란 자신의 욕망과 의지를 하나의 대상에 고정시키는 것이다. 그리고 그 목적은 행복해지려는 것이 아니라 사랑하는 것 그 자체다. 라신의 희곡 《페드르》에서 의붓아들 이폴리트를 사랑하게 된 페드르는 말한다. "좋아. 그렇다면 사랑에 빠진 이 페드르의 분노를 알게 해주지."[32] 열정에 사로잡힌 우리는 어떤 대상을 사랑하는 것이 아니라 그저 사랑에 빠질 뿐이다.

사랑은 실재하는 대상도 없이 무한정으로 흘러나온다. 오히려 그 여자, 그 남자라는 대상은 사랑이 걷잡을 수 없이 터져 나오는 하나의 계기이자 도화선일 뿐이다. 사랑은 언제든 폭발할 준비를 하고 그것을 터트릴 대상만을 기다리고 있었던 것이다. 그때부터 우리는 맹목적이 된다. 우리를 사로잡는 것은 사랑하는 사람이 아니라 사랑한다는 행위 자체이기 때문이다. 그래서 우리는 그런 열정에서 깨어나고 나면 자신이 어떻게 그렇게 지독한 열정에 빠졌었는지 스스로 의아해한다.

열정에 빠진 사람은 사랑이 죽고 사는 문제라도 되는 듯, 사랑에 지나치게 몰입하고 조급해한다. 실상 그 사랑은 복불복 게임처럼 우연에 불과하거나, 열정이 식어버리고 나면 기억에서도 흐릿해질 관계에 지나지 않는데도 말이다. 그러나 일부 신경과학 연구가 증명하듯, 열정과 과잉 감정은 우리가 무언가를 결심하는 데 도움을 준다. 다시 말해, 열정은 앞

뒤를 재고 망설이는 태도에서 벗어나 자신의 모든 것을 걸고 부딪칠 수 있는 추동력을 만들어준다.[33]

열정은 모순투성이다. 열정에 빠졌을 때 우리의 모습은 어떠한가? 우리는 사랑하는 사람을 위해 죽을 수도 있다고 생각하지만, 결국 그에게 무관심해진다. 우리는 생생하고 강렬한 삶을 살고 있다고 느끼지만, 동시에 자기 자신을 잃은 듯한 느낌을 받는다. 우리는 열정이 평범한 규율을 벗어난 특별한 경험이라 믿지만, 실제로 그 경험을 표현하고 이해할 때는 다른 사람들의 말, 영화의 장면, 소설의 대사들을 빌려온다.

우리는 더 이상 스스로를 통제하지 못하지만, 그럼에도 매우 복잡하고 계산적인 행동을 할 수 있다. 우리는 스스로를 진실하고 성실하며 정직하다고 생각하지만, 끊임없이 자신을 숨기고 다른 모습으로 가장하며 다정한 사람인 척한다. 이는 과도하면서 피상적이고, 터무니없으면서 무자비하고, 무례하면서 무심한 강렬한 감정의 모순이다. 그렇기에 열정은 타오르지만 뜨거워지지 않는 불길, 아무것도 태우지 못하는 불꽃, 오래 계속되지만 결말이 나지 않는 이야기와 같다.

효과 없는 치료법

열정이 병이 되는 이유는 열정 그 자체 때문이 아니라 과도함 때문이다. 열정이 지나치면 탐욕, 조바심, 집착, 편집증 같은 부정적인 결과가 뒤따른다. 열정이 지나치지 않다면 그것은 우리를 행동하게 하는 추진력, 원동력, 결단력, 즉 변화를 추동하는 근본적인 힘이 될 수 있다. 아리스토텔레스는 모자람과 지나침을 악덕으로 여기고 이 양극단의 중간인 "중용"[34]을 미덕으로 여겼다. 그에 따르면, 두려움에 있어 모자람은 비겁함이고, 지나침은 무모함이며, 용기가 중용이다. 쾌락과 고통에 있어 모자람은 무감각이고, 지나침은 방탕이며, 절제가 중용이다. 분노에 있어서 모자람은 기개가 없는 것이고, 지나침은 성을 잘 내는 것이며, 온유함이 중용이다. 우리는 중용의 미덕을 실천함으로써 열정이 기쁨이 될 수 있도록, 그것이 우리를 괴롭히고 속박하여 끝내 우리를 고통스럽게 하는 중독으로 변질되지 않도록 항상 경계해야 한다.

그러나 우리는 중용이 아닌 과도함을 원한다. 그래서 언제나 포만감을 느끼지 못하고 허기를 느끼며, 가진 것에 만족하지 못하고 풍족하기만을 바란다. 열정적이라는 것은 자신에게 필요한 것보다 '더욱더 많은' 것을 원하는 것이다. 셰익스피어도 이렇게 말하지 않았던가. "자연이 필요 이상의 것을 인간에게 허용하지 않는다면 인간의 삶이 금수와 다를 바가 무엇인가. 존재하기 위해 우리가 조금 더 많은 것을 필요로 한다는 것을 그대는 알고 있는가?"[35] 우리가 살아 있음을 느끼게 하는 것, 우리의 삶을 흥미롭게 하는 것이 바로 '과잉'이다.

사실 열정이 없다면, 사랑의 성공과 실패를 경험하지 못한다면, 우리의 삶은 얼마나 무미건조하겠는가. 그런 의미에서 열정의 강도를 조절하면서 그것을 통제할 수 있다고 주장한 아리스토텔레스의 중용은 부적절한 치료법이다. 열정은 끌림에서 집착으로, 취향에서 중독으로 변화하는 감정이 아니다. 또 점진적으로 고조되는 것이 아니라 단번에 사로잡히는 감정이다. 억제하고 통제하고 자제할 수 있는 것이라면, 그것은 열정이 아니라 일시적인 도취일 뿐이다. 스토아 철학자 세네카의 말처럼, 분노는 본래 "억제되지 않고 길들일 수 없는 것"이다.[36]

또 다른 치료법

열정은 감정이 아니라 속박되어 있는 상태다. 우리는 열정을 통제하기는커녕 열정에 압도된다. 세네카는 "열정이란 어떤 대상에 마음이 흔들리는 것이 아니라 그 대상에 복종하는 것이며, 그 우연한 충동에 굴복하는 것"이라고 말했다.[37]

열정에 사로잡힌 사람은 결코 평온한 마음을 가질 수 없다. 괴로움에 빠져 애를 태우고 영원히 만족할 줄 모른다. 그가 원하는 것은 욕망하는 대상을 소유하는 것이 아니라 그것을 사라지게 하는 것이다. 예컨대 인색한 사람이 돈을 원하는 이유는 교환의 도구로 사용하기 위함이 아니라 그저 축적하기 위해서다. 야심가가 권력을 잡고자 하는 이유는 다른 이들의 권력을 박탈하기 위해서다. 사랑에 빠진 사람은 상대를 사랑하지만 그가 언젠가 부정을 저지를 바에는 차라리 죽어버리는 것이 낫다고 생각한다. 독일 르네상스 시대의 화가 루카스 크라나흐의 작품에서 볼 수 있듯, 살로메는 세례자 요한을 사랑했지만 그가 자신의 마음을 받아주지 않자 "나 아니면 아무도 그를 가질 수 없다!"는 심정으로 그의 목을 요구했다.

중용은 이런 치명적인 열정의 치료법이 될 수 없다. 이에 스토아철학은 열정을 완전히 제거해버려야 한다는 치료법을 제시했다. 이 치료법은 일견 극단적으로 보일 수 있지만, 본래 열정은 어중간한 것을 허용하지 않는다. 열정은 애초에 억제가 불가능하기에 가차 없이 거부해버리는 치료법이 필요하다. 참지 못하는 것이라면 시작을 하지 말아야 한다. 그렇게 함으로써 우리는 열정으로 잃어버린 것을 의지로 되찾을 수 있다. 중독을 끊어내는 것은 쾌락을 거부하는 것이 아니라 그것을 재발견하는 것이다. 그래서 세네카는 이렇게 말했다. "그대는 똑같은 일을 하더라도 아무 거리낌 없이 보다 충만하고 단단한 정신으로 하게 될 것이니, 그렇게 같은 즐거움을 더욱 풍성하게 맛볼 수 있으리라."[38]

열정을 거부하기

스토아철학은 열정에 대한 치료법으로 처음부터 시작을 하지 말 것을 권유한다. 열정을 거부하기보다 애초에 그것을 경험하지 않는 편이 더 낫다는 것이다. 열정은 언제나 우리보다 훨씬 강력하기에 우리를 굴복시키고 완전히 장악한다. 그러므로 열정에서 행복을 발견하고 과잉을 자제할 수 있다는 헛된 생각을 하기보다 처음부터 열정에 빠지지 않는 것이 좋다. 그래서 세네카는 "열정을 향한 문을 닫아버리고 열정을 받아들이지 않는 것이 그것을 내보내는 것보다 한층 더 수월하다"고 말했다. 그는 "우리는 자신의 나약함을 인정하고 열정에 빠지지 않음으로써 자신을 구하거나" 어떤 것에도 감정적으로 흔들리지 않는 정신의 의연함인 '아파테이아(apatheia)'를 추구해야 한다고 주장했다.

열정에 사로잡힌 사람은 불안에서 헤어나지 못한다. 열렬히 사랑하는 대상이 사라질까 봐, 그래서 자신이 살아야 할 이유가 사라질까 봐 늘 전전긍긍하게 되는 탓이다. 스마트폰, 자식, 돈, 애인이 없으면 어떻게 살아갈 수 있을지 눈앞이 캄캄하다. 열정은 망상을 현실이라 믿게 한다. 실제로 열정에 빠진 사람은 미신을 믿는 사람이나 편집증 환자처럼 현실에서 일어나는 온갖 일들을 어떤 징조로, 즉 자신이 희망을 갖거나 두려워해야 하는 정황으로 받아들인다. 그래서 누군가가 자신의 커피에 설탕을 넣어주거나 미소를 짓는 것같이 무의미하고 사소한 행동에도 의미를 부여한다.

기원전 4세기 그리스의 대철학자들부터 2세기 로마 황제 마르쿠스 아우렐리우스에 이르기까지, 스토아학파는 비인간적이고 금욕적인 윤리를 강조한다는 이유로 끊임없이 비판을 받아왔다. 스토아철학에 반대하는 이들은 열정 없이 사는 것은 불가능할 뿐 아니라 바람직하지 않다고 주장한다. 그런 삶이야말로 마음도 육체도 없는 돌 같은 삶이라는 것이다. 이에 대해 세네카는 "애초에 열정을 거부하기보다 열정에 빠지고 나서 변명을 하게 하는 것"[39]이 바로 열정에 대한 우리의 집착, 맹목성이라고 반박했다. 누군가가 열정이 자신을 압도해서 도저히 거부할 수 없다고 말한다면, 그것은 자기기만이다. 그는 열정을 거부할 수 없었던 것이 아니라 거부하기를 원치 않았을 뿐이다.

"의지가 있다면 거부할 수 있다." 이것이 바로 "원한다면 해낼 수 있다"는 스토아철학에서 영감을 받은 열정의 유일한 치료법이다.

쾌락에
대하여

○

쾌락을 추구하고 고통을 피해야 한다는 명제는 굳이 복잡한 철학이 아니더라도 쉽게 납득이 된다. 행복을 느끼기 위해서는 반드시 쾌락이 필요하다. 뇌를 움직이는 원동력이 쾌락이라는 논리는 과학적 연구에 의해 이미 증명된 바 있다. 우리가 쾌락을 경험할 때, 뇌는 우리의 몸과 외부 세계에서 온 신호를 선별해 우리의 행동을 환경에 맞게 적응시키면서 생존과 자율성을 보장한다. 그러므로 쾌락은 단순한 개념이 아니라 소위 이성을 가진 동물이라 불리는 인간의 삶과 행동의 본질적인 요소다.

심리적이라기보다 신체적인 현상에 더 가까운 쾌락의 문제는 어떻게 철학적 논의의 대상이 되었을까? 본래 순수하고 즐거운 것으로 여겨지는 쾌락은 왜 종종 비난받거나 부정적으로 인식되는 것일까?

철학의 진단

해가 길어진 여름날 저녁, 친구들과 나누는 담소, 연인과의 스킨십, 함께 웃는 순간들, 헤겔과 랭보의 글, 오랫동안 만나지 못한 사람과의 재회, 오랫동안 기다려왔던 답장…. 즐거움은 어디에나 있다. 그 순간에 우리 안과 밖의 모든 것은 잠잠해지고, 아름답고 경쾌한 무언가가 우리 주변에 잔잔하게 퍼져 나가는 듯하다. 고통과 마찬가지로 쾌락은 평정심을 잃게 하며 모든 것을 압도한다. 우리는 자신이 느끼는 감정에 빠져 자신을 잃어버린다. 고통을 가장 생생하게 표출하는 것이 비명인 것처럼, 쾌락을 가장 잘 드러내는 것은 의성어다.

쾌락에 빠질 때 우리는 자신을 완전히 놓아버린다. 육체와 정신이 모두 안온함에 젖어들면서 언어가 필요 없는 상태에 빠지는 것이다. 쾌락은 조임쇠를 느슨하게 푸는 것과 같아서 쾌락을 느낄 때는 마음의 긴장이 풀어지고, 우리는 그제야 비로소 얼마나 많은 시간을 불안과 권태 속에서 살아가고 있었는지 깨닫는다. 쾌락을 느낄 때 절로 탄성이 나오는 이유는 삶의 고통과 중압감에서 해방된 것 같은 기분을 느끼기 때문이다.

쾌락은 받을 자격도, 받을 준비도 되어 있지 않은 우리에게 갑작스럽게 주어지는 깜짝 선물과 같다. 그래서 예측이 가능한 쾌락은 실망감을 안겨준다. 쾌락이 환희와 기쁨이라면, 욕망은 끊임없는 움직임이다. 욕망은 터빈을 돌리고 작업을 하고 전진하며 끊임없이 움직인다. 욕망은 성실하고 부지런하지만, 쾌락은 게으르고 관조적이다. 허기, 갈증, 성적 이끌림처럼 충족되면 사라지는 욕구와 달리, 욕망은 충족되는 법이 없다.

욕망은 또 다른 욕망을 부른다. 하나의 욕망이 충족되면 열 개의 다른 욕망이 생겨난다. 그래서 쇼펜하우어는 이렇게 말했다. "어떤 소망이 실현된다 해도 지속적이고 변치 않는 만족감을 주지는 못한다. 이는 마치 구걸하는 걸인에게 적선을 하는 것과 마찬가지다. 거지에게 주는 적선은 오늘 그의 목숨을 살릴 수는 있지만, 그의 고통을 내일까지 연장시키는 것이므로."[40]

결코 만족을 모르며 탐욕스러운 욕망이라는 질병은 사람들을 노예로 만들어 착취하는 "비인간이고 야만적이며" "백성을 잡아먹는" 폭군의 얼굴을 하고 있다.[41] 반면 쾌락에서 문제가 되는 것은 만족할 줄 모르는 탐욕이 아니라 즐거움을 추구하기 위해 끊임없이 다양한 경험을 하려는 태도다. 욕망이 '더욱더' 많은 것을 원한다면, 쾌락은 한 가지에 만족하지 못하고 이것저것 다양한 즐거움을 추구하려 한다. 쾌락은 다양한 경험을 그러모은다. 그렇다면 쾌락을 추구하는 것은 왜 문제가 될까? 쾌락의 고통은 어디에서 비롯하는 것일까?

쾌락은 '물이 새는 항아리'

쾌락을 추구하지 않고 만족하는 것이 문제다? 고대 그리스 철학자 칼리클레스는 쾌락을 억제하는 것이야말로 "더이상 즐거움도 고통도 없는 돌과 같은 삶"이라고 했다. 플라톤의 《고르기아스》에서 쾌락주의자 칼리클레스는 소크라테스를 만나 쾌락을 주제로 설전을 벌인다. 칼리클레스는 소크라테스에게 이렇게 말한다. "제대로 살고 싶다면 자신의 열정이 지나치게 크더라도 억제하지 말고 그대로 두어야 합니다. 오히려 그토록 원대한 열정을 위해 용기와 지성을 발휘해야 하고 열정이 원하는 모든 것을 만족시킬 수 있어야 합니다." 그러면서 그는 삶의 고통을 치유하는 방법으로 쾌락을 제시한다. "소크라테스 선생, 선생께서는 진리를 추구한다고 주장하셨는데, 진리는 바로 이것입니다. (중략) 온갖 욕망을 경험하고 그것을 충족시키면서 즐겁게 사는 것, 그것이 바로 행복한 삶이지요!"[42]

　　믿기 어렵겠지만, 이는 고대 그리스 소피스트의 주장이다. 그들은 소소한 것에 만족하며 살아가는 우리와 달리 최대한의 쾌락을 추구했다. 그들은 쾌락을 느끼려면 만족이 아닌 용기가 필요하며 쾌락의 추구가 곧 방탕한 삶을 의미하는 것은 아니라고 주장했다. 이에 소크라테스는 칼리클레스가 아무리 그럴싸하게 포장한다 해도 쾌락을 추구하는 삶은 결코 만족을 주지 못하며 인간을 공허하고 불안하게 한다고 응수했다. 그런 삶은 '물이 새는 항아리'와 같아서 채우면 채울수록 더욱 공허해질 뿐이라는 것이다.

파티, 술자리, 저녁 식사 모임, 데이트는 금세 끝이 나고 한없이 되풀이되지만, 그것은 우리의 영혼도 배도 채워주지 못한다. 이런 쾌락으로 삶을 채우려 할수록, 가치 있는 삶을 살고 있지 않다는 불안감은 더욱 커지고 우리에게는 우울한 권태만이 남는다. 그래서 쇼펜하우어는 이렇게 말했다. "성대하고 화려한 파티 같은 삶보다 행복에서 더 멀어지는 길은 없다. (중략) 우리의 비참한 삶을 끊임없는 기쁨, 쾌락, 즐거움으로 바꾸려 할수록, 서로에게 어쩔 수 없이 거짓말을 하게 되기 때문에 우리는 결국 환멸을 느낄 수밖에 없다."[43]

쾌락을 위한 활동에 열중하고 있을 때도 우리는 억지로 노동을 할 때처럼 중압감을 느낀다. 하기야 우리는 이미 이런저런 숙제를 해치우듯 축제나 순례, 전시회를 '가야 한다'는 의무감을 느끼지 않는가. 쾌락의 묘미는 경쾌함과 가벼움이다. 그러나 지나치게 다양한 쾌락을 반복적으로 추구하다 보면 쾌락의 매력은 오히려 퇴색되어버린다.

철학의 치료법

빵과 물만 있다면 신도 부럽지 않다고 말한 에피쿠로스

를 제외하면, 철학은 우리의 생각과 달리 절제와 금욕을 옹호하지 않는다. 에피쿠로스 철학은 논외로 하고, 철학은 냄새도 맛도 없는 추상적인 관념 속 요리가 아니다. 하물며 추상적인 관념조차 일종의 쾌락이라 할 수 있다. 철학은 단순히 지적인 즐거움을 넘어 감각적인 쾌락을 주기 때문이다. 우리는 우리를 나약하고 슬프게 하는 것이 아니라 보다 더 강하게 해주는 것을 추구해야 한다. '눈물과 울음'은 더 깊은 통찰로 이끌어주는 것이 아니라 무력함의 표현일 뿐이고, 우리를 나약하게 하는 모든 것의 결과일 뿐이다. 그래서 스피노자는 이렇게 말했다. "사물을 사용하고 가능한 한(진력이 날 때까지 사용하라는 말이 아니다. 그 상태에서는 더 이상 즐거움을 느끼지 못한다) 거기서 즐거움을 누리는 사람이야말로 지혜로운 사람이다."[44]

쾌락이란 불씨와 같아서 언제든 활활 불타오를 수 있다고 생각한 스피노자는 쾌락을 추구하되 절제를 강조했다. 그런데 쾌락은 비록 절제되는 것처럼 보일지라도 과도하다는 오명을 벗지 못한다. 이 문제를 어떻게 해결할 수 있을까?

한낮의 투명함으로 현실 보기

지중해를 사랑한 철학자 카뮈가 과도한 쾌락을 경계하기 위해 헬레니즘을 처방전으로 제시한 것은 그리 놀랍지 않다. 태양, 바다, 바람…. 밝고 건조한 지중해의 장엄한 풍경은 인간과 자연, 나아가 인간과 삶의 화해를 상징한다. 그는 비록 삶이 쓰라리고 실망스러울지라도 삶을 있는 그대로 껴안을 때 비로소 행복이 시작된다고 역설했다. 이것이 바로 그가 말한 '정오(正午)의 사상'이다.

이때 경험하는 행복은 과도한 열정이나 흥분이 아니다. 오히려 현실에 안주하기를 거부하는 위대함의 다른 이름이다. 그래서 카뮈는 이렇게 썼다. "나의 숨결을 세계의 저 소용돌이치는 한숨과 일치시키려고 얼마나 많은 시간을 보냈던가! 야생의 향기와 졸고 있는 풀벌레들의 합창에 파묻힌 채, 나는 열기를 가득 머금은 저 하늘의 참을 수 없는 장엄함에 두 눈과 가슴을 활짝 연다. 본연의 자신으로 돌아가기, 자신의 심오한 본질을 되찾기란 그리 쉬운 일이 아니다."

자신의 심오한 본질을 되찾기란 평정심이나 자아실현의 문제가 아니다. 기분 전환을 하거나 권태를 물리치거나 낙관주의에 기대는 것은 더더욱 아니다. 이는 보다 까다로운 문제로, 단순한 삶의 행위에다 "흰 빛과 활기 덕택에 그 모든 바닷바람을 견디는" 의지력을 더하는 것이다. 그리고 "이것이 바로 이 세계의 겨울 속에서 열매를 준비할 수 있는 힘"이다.

우리가 이런 용기와 굳센 정신력을 가지고 살아간다면, 가장 큰 행복을 얻을 수 있고 모자라지도 넘치지도 않는 쾌락의 진수를 경험할 수 있다. 카뮈의 고백처럼 말이다. "나는 늘 먼 바다에서 위협받으며 완벽한 행복의 한가운데에서 사는 기분이었다."[45]

뇌와
정신에 대하여

○

병에 걸리는 것은 정신일까, 뇌일까? 어떤 것을 치료해야 할까? 지능은 어디에 있을까? 어리석음은 어디에 숨어 있을까? 실체가 없는 마음이 아닌 실제 기관인 뇌에 관심을 쏟는 신경과학, 정신의학, 인지과학 등의 학문이 철학보다 삶에 더 도움이 된다면, 철학은 과학에 자리를 내어주고 뒤로 물러나야 할까?

어리석음

어리석음의 큰 문제는 어리석음도 생각을 한다는 것

이다. 선량한 사람에게나 어리석은 사람에게나 '코기토'가 존재하기 때문이다. 인간은 자신이 저지른 잘못을 깨달을 수 있지만, 자신의 어리석음은 결코 깨닫지 못한다. 현존하는 가장 전위적인 철학자 중 한 명으로 꼽히는 아비탈 로넬은 어리석음에 대해 이렇게 말했다. "어리석음은 자기 자신에 대한 만족감으로 정의될 수 있다. 이는 충만함, 만족감, 성취감의 경험과 같은 것이다. (중략) 자기만족을 느끼고 온갖 비판에 면역되어 그것에 저항하거나 부정하려는 노력도 하지 않는 어리석음에는 완전한 행복이라는 신성한 요소가 내포되어 있다."[46]

어리석음은 어떤 것에도 동요하거나 당황하지 않는다. 어리석음은 생각하지 않는다. 그저 '앎' 뿐이다. 그런데 어리석음은 보다 격정적인 형태로 나타날 수 있다. 어리석음은 모든 것을 전율과 떨림의 관점에서 바라보기 때문에 진리는 반드시 떠들썩하고 감동적일 수밖에 없다고 믿는다. 그럴 때 감정은 사유의 자리를 빼앗는다. 어리석음은 천재적인 것, 위대한 업적, 전문적 능력 등 의혹과 모호함이 없으며, 지성이 아닌 의지를 존재의 실체라고 믿는 모든 것을 옹호한다.

인간의 어리석음을 치료하는 데 큰 관심을 가지고 있는 철학은 사유하는 방법을 재교육하여 스스로 독자적인 사고를 할 수 있도록 돕는다. 우리는 대개 스스로 생각하지 못하고 임팩트, 솔루션, 브리핑 같은 모호한 외국어들로 표현되는 대중적이고 과격한 여론을 따라가는 경향이 있다. 그러므로 시류에 휩쓸리지 않으려면 호기심을 키우고 무비판적 사고를 거부하며 낯선 것을 수용할 줄 알아야 한다.

철저히 파헤치고 분석하고 비틀어서 생각해보는 것, 즉 판에 박힌 생각에서 벗어나는 것이야말로 독자적 사고를 하기 위한 첫걸음이다. 지성은 단순히 의견 교환이나 토론, 주장만으로 형성되지 않는다. 지성은 근본적으로 위험을 감수하고 고민하며 진부함과 어림짐작을 거부한다. 우리에게 더 큰 문제를 일으키는 것은 언제나 왜곡된 지식이 아니라 모호한 지식이기 때문이다.

철학의 치료법

지하 동굴에 갇혀 있는 죄수들의 모습을 상상해보라. 익히 알려진 대로 서양 철학은 동굴에서 시작되었다. 서양 철학의 큰 뿌리로 여겨지는 플라톤의 동굴 우화 또는 어리석음의 감옥을 살펴보자. 동굴에 갇혀 있는 죄수들은 동굴에 비친 자신의 그림자만을 볼 수 있고 그것이 현실인 줄 안다. "그런데 어느 날 한 죄수가 풀려나 동굴 밖으로 나가게 되었다. 그는 눈이 부셔서 처음에는 아무것도 볼 수 없었지만, 시간이 지나면서 바깥 세계의 사물들을 볼 수 있었다. 자신이 동굴 속에서 본 것들이 진짜 사물이 아닌 그림자일 뿐이었음을 깨달은 그는 동굴로 돌아가 다른 죄수들에게 함께 밖으로 나가자고 말했다. 하지만 그들은 동굴에 비친 그림자를 가리키며 저렇게 생생하게 보이는 것이 그림자일 리 없다며 밖으로 나가기를 거부했다."[47]

언제나 손쉽게 (개인적인) 의견을 가질 수만 있다면 얼마나 편리할까! 공백을 허용하지 않는 것은 자연이 아니라 문화다. 우리는 살아가면서 우리가 무언가를 알고 있다는 것을, 무언가 할 말이 있다는 것을, 해줄 대답이 있다는 것을 반드시 증명해야 한다. 사실 이미 형성된 여론이나 선입견에 휘둘리지 않고 스스로 생각하는 것보다 아무런 정보 없이 대세를 따르는 것이 훨씬 더 쉽고 편한 길일 수 있다.

철학을 마음에 위안을 주는 메시지나 요가 명상으로 소비하는 사람들이 있다고 해도, 철학은 본래 극도로 고통스럽고 괴로운 학문이다. 철학은 토론의 기술도, 감정의 공유도 아닌 이성으로 개념을 생산하는 일종의 '개념 제작소'다.[48] 개념은 모든 일에 본능적이고 즉흥적인 의견을 내려는 본성을 거스르는 고행의 결과로 얻어진다. 우리가 개념을 통해 무언가를 이해한다면, 그것은 우리가 항상 생각하고 믿어왔던 모든 것, 즉 이미 널리 알려진 것을 거부하는 조건하에서만 가능하다. 이미 알고 있는 것을 서둘러 찾아내려 하지 않고, 보고 싶은 것만을 보지 않으며, 어디서든 들을 수 있는 노래만을 들으려 하지 않으면서 미지의 것을 직면하게 하는 것이 바로 개념이다. 생각하는 것이란 고행을 자처하는 것이며, 모든 것을 있는 그대로 바라보면서 성급하게 자신의 평가와 신념을 내세우지 않는 것이다.

그러나 우리는 말을 하고 생각을 할 때 바다에서든 육지에서든 자신에게 익숙한 것만을 찾아 헤매는 고집스러운 여행자가 된다. 실제로 우리는 무언가 새로운 것을 떠올릴 때 발리는 브장송과 비슷하다는 둥, 행복은 어린아이의 미소 같다는 둥, 민주주의는 원하는 것을 할 수 있는 권리라는 둥, 진실은 순전히 주관적인 것이라는 둥 익숙한 것과 새로운 것을 끊임없이 비교하고 이데올로기적 해석을 적용하며 혼란을 피하려 한다. 그리고 미지의 것을 보기도 전에 서둘러 사진을 찍어 사물과 생각을 판에 박힌 이미지로 변형하면서 새로운 것을 익숙한 것의 틀 안에 가두려 한다.

철학은 이 불행한 세태에 맞서 독자적 사고를 방해하는 온갖 선입견에서 우리를 해방시킨다. 그러나 감옥이나 동굴에서 벗어나고 싶다면, 즉 자유롭고 독창적인 사고를 하리라 결심했다면, 동행 없이 홀로 여행하는 사람처럼 모든 위험과 불확실성을 감수해야 할 것이다.

명료한 개념으로 사유하기

익숙한 것만을 고집하는 여행자의 사고방식에서 벗어나려면 어떻게 해야 할까? 아무런 선입견 없이, 마치 처음 보는 것처럼 사물들을 있는 그대로 바라보려면 어떻게 해야 할까? 지성이 참신하다면, 어리석음은 고리타분하다. 어리석음은 다 보았고, 다 들었고, 이미 다 이해했기 때문이다. 그런데 깊이 사유한다는 것은 머릿속에 자연스럽게 떠오르는 진부한 대답을 제쳐둔 채, 예상치 못한 것을 응시하고 당황스러운 것을 직면하는 일이다. 데카르트는 이런 정신 수련을 성찰이라고 불렀다.

불교나 마음 챙김과 전혀 다른 데카르트의 성찰은 "내가 분명하게 그렇다고 확신하지 않는 한 어떤 것도 진실로 받아들이지 않는 것, 즉 성급함과 편견을 철저하게 배제하면서 회의가 들지 않을 정도로 명료하고 확실하게 보이는 것 말고 아무것도 판단하지 않는 것"[49]이다.

신경과학은 이런 데카르트의 방법을 재발견하면서 '인지 억제'가 지성의 핵심 요소라는 주장을 내놓았다. 인지 억제란 자연스럽게 머릿속에 떠오르지만 대개 모호하기 짝이 없는 대답을 거부하면서 냉철함을 유지하는 것이다. 따라서 이해하는 것은 아는 것이 아니라 배제하는 것이다. 머릿속에 떠오르는 생각을 깊이 사유하는 것이다.

하나의 생각이 진정한 사유, 나아가 하나의 개념이 되려면 명료하고 확실해야 하며 모호하거나 진부해서는 안 된다. 지성의 가장 확실한 증거는 명료함, 놀라움, 호기심이다. 우리의 사유는 정교한 시계처럼 정확해야 함은 물론 그전까지 그런 식으로 생각한 적도, 그런 시각으로 본 적도 없는 예상치 못한 것을 만들어내고 놀라움을 선사할 수 있어야 한다. 그래야만 개념의 세계에 도달했다고 할 수 있다. 그 세계에서 우리는 아무런 편견이나 선입견 없이 세상의 첫 아침을 맞이하듯 우리를 둘러싸고 있는 것들을 바라볼 수 있다.

이것이 바로 틀에 박힌 사고에서 벗어나게 해주는 데카르트의 처방전이다. 이를 실천하려면 선별하고 걸러내고 성찰하고 해체하는 과정을 거쳐 하루에 최소한 하나씩 스스로 벼려낸 자신만의 생각을 가져야 한다. 그렇게 얻어진 생각은 자기만의 소중한 자산이 될 것이다.

PART 02

영혼의
고통

영혼에
대하여

○

육체의 질병과 영혼의 질병을 구분 짓는 것은 적절치 않다. 육체와 영혼은 상호적으로 영향을 주고받기 때문이다. 온전하게 육체적인 것도 없고, 온전하게 정신적인 것도 없다. 우리를 멍하게 하는 단순한 쾌락조차 인식과 사유를 통해 판단되고 경험된다. 쾌락에 대한 인식이 없다면, 쾌락은 존재할 수 없다. 따라서 인식은 쾌락의 경험에 중요한 요소다. 플라톤은 이렇게 말했다. "우리가 생각하지 않는다면, 우리는 분명 자신이 즐거운지 아닌지 알 수 없을 것이다." 기억도 지성도 성찰도 없다면 그 모든 즐거움을 경험한다 해도 "우리는 인간

의 삶이 아닌 한 마리의 바닷속 연체동물 같은 삶을 살게 될 것이다".¹

　자연에 속한 것과 문화에 속한 것을 구분하는 것이 불가능하듯, 정신에 속한 것과 육체에 속한 것을 구분하는 것은 의미가 없다. "인간에게 '자연스러운 것'이라 불리는 행위라는 근본적 층위와 문화나 영혼이라는 인위적 층위를 구분하는 것은 불가능하다. 인간의 모든 것은 인위적인 동시에 자연스럽다. 인간은 하나의 인식도 아니고, 동물의 단순한 삶에서 벗어나지 못한 생물학적 존재의 행위도 아닌 까닭이다."²

　전적으로 육체적이지도, 전적으로 정신적이지도 않은 인간의 쾌락과 고통은 언제나 영혼과 육체 모두에 영향을 미친다. 그럼에도 특히 정신을 더 고통스럽게 하는 질병이 있다. 물론 그것이 육체에도 즉각적인 영향을 미치기는 한다. 그렇다면 우리의 정신을 고통스럽게 하는 것은 무엇일까? 대개의 경우 자유를 위협하는 병은 정신을 고통에 빠뜨린다. 행운이나 불운, 운명이나 숙명, 운수나 우연 같은 것들 때문에 우리의 자유의지는 옴짝달싹하지 못한다. 또한 통제할 수 없고 일이 벌어진 후에나 수습할 수 있는 사건들과 되돌릴 수 없는 시간 때문에 우리의 행동은 제약을 받는다.

그래서 철학은 불행이 닥쳤을 때는 이를 견디거나 저항하거나 피할 수 있는 생존법, 행복할 때는 이를 지키거나 바라거나 만끽할 수 있는 요령을 제시한다. 인간의 자유의지는 사실 구속되고 제한되어 있는 '노예의지'이며, 해방시켜야 하는 억압된 자유다. 그렇다면 정신적 고통을 치유해주고 진정한 자유를 회복시켜줄 수 있는 철학은 우리에게 어떤 도움을 줄까?

산다는 것에
대하여

○

　대부분의 경우 삶에는 형용사가 따라붙는다. 마치 삶 자체로는 특성을 드러내기에 부족하다는 듯 내밀한 삶이니, 직업적 삶이니, 이중적 삶이니, 내면의 삶이니 하는 온갖 수식어가 덧붙는다. 삶이란 단순히 신경계, 중추신경계, 소화계, 자율신경계 등의 여러 신체 기관이 생명을 유지시켜주는 상태로 정의될 수 없다. 삶이란 우리가 완성해야 하는 작품 같은 것이다. 그래서 우리가 삶에서 무언가를 성취한다면, 우리는 자신만의 정체성을 인정받고 의미 있는 존재로 이 세상에 자리매김할 수 있다.

우리는 삶을 본질적으로 종교적인 관점에서 바라본다. 그래서 삶에서 일어나는 사건과 변화를 신의 섭리나 신이 선택한 결과로 해석하려는 경향을 보인다(그것이 긍정적인지 부정적인지와 관계없이). 삶이 어떤 목적을 향해 가며 특정한 이치에 따라 움직인다고 믿고 싶어 하는 것이다. 그래서 우리는 생물학적 생존만으로는 만족하지 못한다. 다시 말해, 우리는 삶에 의미가 있어야 하며 삶이 어떤 진리에 의해 통제되어야 한다고 생각한다.

철학의 진단

데카르트는 자명하지만 예상치 못한 철학적 진리에서만 경험할 수 있는 기쁨에 젖어 "나는 존재한다"고 말했다. 하지만 나는 어떤 삶을 위해 존재하는 걸까? 삶에서 실패나 좌절을 겪을 때 우리는 비로소 스스로에게 이 질문을 던진다. 이런 경험을 하지 않는다면 우리 대부분은 평범하게 그럭저럭 살아간다. 삶은 본질적으로 계획된 대로 흘러가는 것이 아니라 당장에 주어지는 자원으로 살아갈 수밖에 없는 미봉책 같은 것이다.[3] 어떤 면에서 우리의 삶은 이미 시작되어 저만치 앞서가 있고 우리는 거기에 "올라탄" 것이므로 현재의 흐름 속에서 최선을 다하고 뒤이어 올 미래의 선택을 준비해야 한다.[4] 그렇다면 외국어나 스키를 배우는 것처럼 살아가는 법을 배울 수 있을까? 우리는 어떤 삶을 살아야 할까? 경력을 쌓고 다양한 일을 경험하면서 지위와 직함을 얻고, 우리가 누구인지 묻는 질문에 빼곡하게 채워진 이력서로 답을 하면서 삶을 채워가면 될까?

그런데 내가 사는 삶이 나라는 존재를 온전히 드러내 줄 수 있을까? 나라는 존재는 단순히 내가 실행한 행위와 내게 일어난 사건들로 정의될 수 있을까? 나의 삶은 나의 것이지만, 그 삶이 나라는 존재를 전부 보여줄 수는 없다. 내 안에는 삶이 미처 표현할 기회를 주지 않은 "수많은 기질, 성향, 가능성이 사용되지 못한 채 온전히 실현 가능한 상태로 남아 있기 때문이다".[5] 내가 누구인지와 내가 사는 삶 사이에는 간극이 존재하고, 나의 삶은 이력서 몇 줄로 단순하게 정의될 수 없다. 나의 삶과 정체성 사이의 이런 불일치는 심리적 또는 정신적 문제를 유발하는 잠재적 위험 요인이 될 수 있다.

사르트르의 충격 요법

우리는 자신의 삶에 전적으로 책임을 져야 한다. 우리는 온전히 자유로운 존재이기 때문이다. 그래서 철학의 충격 요법은 이런저런 핑계를 허용하지 않는다. 존재할 것인지, 존재하지 않을 것인지를 선택하는 것은 고스란히 우리의 몫이다. 우리는 살아가면서 여러 선택을 하게 되는데, 어떤 삶을 살아갈 것인지 역시 스스로 선택할 수 있다. 비겁한 사람이 될 것인지, 인정받지 못하는 사람이 될 것인지, 사랑받지 못하는 사람이 될 것인지, 아니면 존중받는 사람이 될 것인지는 우리의 선택이다. 우리의 행동은 우리가 어떤 사람인지, 어떤 선택을 했는지를 보여준다. 우리는 '독립적이고 자율적인' 선택을 하고 이를 통해 정체성을 드러낸다. 사회적 지위가 부여한 정체성과 성격으로 형성된 개성에 의존해 자신을 드러내는 것은 스스로 선택할 자유에 직면하지 않으려는 거짓된 핑계이자 변명일 뿐이다.

자신의 의지와 관계없이 불안한 세상에 내던져진 우리는 삶의 '매 순간' 자유로운 선택을 통해 스스로 존재 가치를 결정해야 한다. 모든 행위, 심지어 실패로 귀결된 행위까지도 선택의 결과일 뿐이다. 그러므로 나라는 존재와 나의 삶 사이에 표현되지 않은 잠재력, 실현되지 않은 가능성으로 인한 간극은 존재할 수 없다. 나는 내가 선택한 삶 그 자체다. 나라는 존재는 자유로운 선택에 의한 행위로 드러난다.

이것이 바로 사르트르가 제시한 충격 요법이다. 원하지 않으면 실패할 일도 없고, 결심하지 않으면 시련을 겪을 일도 없다. 우리에게는 가능성도 잠재력도 없다. 표현하는 사랑만이 사랑이고, 창조하는 천재만이 천재다. 우리가 하는 행위가 아니라면 그것은 현실이 아니다. 그래서 사르트르는 이렇게 말했다. "물론 이런 견해는 자신의 삶을 성공적으로 살지 못한 이에게 가혹하게 보일 수 있다. 그러나 다른 한편으로 이는 오직 현실만이 중요하다는 점을, 그리고 꿈이니 기대니 희망이니 하는 것들은 한 인간을 이루지 못한 꿈, 사라진 희망, 쓸데없는 기대로 규정할 뿐이라는 점을 깨닫게 해준다. 다시 말해, 그런 것들 때문에 인간은 긍정적이 아닌 부정적으로 규정된다."[6]

자기만의 삶을 쌓아가기

야망을 이루지 못하고 실패에 대한 변명거리만 찾는 이들은 사르트르가 제시한 충격 요법에 실망할지도 모른다. 반대로 의지가 있으면 이룰 수 있으며 우리는 결심한 대로 살아갈 수 있다고 굳게 믿는 이들과 선택할 자유를 회피하지 않는 이들은 그의 철학에 큰 감명을 받을 것이다. 그런데 우리는 우리에게 주어진 선택의 자유 이전에 아무것도 존재하지 않았다는 듯 백지상태에서 다시 시작할 수 있을 만큼 자유로운 존재가 아니다. 우리에게 자유란 우리의 자유보다 더 오래된, 말하자면 우리의 자유보다 앞서 존재했고 얼마쯤 그 자유에 영향을 미치는 물리적·사회적 세계 안에서 자신의 자리를 찾는 것이나 마찬가지다. 우리는 우리의 자유를 행사할 수 있는 환경을 스스로 만들지 못한다. 우리는 아무런 목적도 이유도 없이 이 세상에 우연히 내던져진 존재로서 우리의 의사와 관계없이 이 세계에서 고유한 위치를 차지하고 있기 때문이다.

나의 자유와 선택을 제약하는 이런 한계가 하루하루, 나아가 매 순간을 또렷하게 나 자신으로 살아가는 데 방해물이 되어서는 안 된다. 우리는 행동을 통해서 우리에게 주어진 삶을 자신만의 것으로 만들 수 있다. 시간에 끌려다니지 않고 스스로 삶을 이끌어가며 삶의 매 순간을 보다 활기차고 적극적으로 살아가는 것, 그것이 바로 우리를 좌절에서 벗어나게 해주는 라이프니츠의 처방전이다.

삶은 그저 버티는 것이 아니라 자신만의 것을 쌓아가는 일이다. 그러니 하루의 어떤 순간도 의미 없이 허투루 보내서는 안 된다. 의미 없는 일들을 이것저것 다양하게 해야 한다는 뜻은 아니다. 벽돌을 하나하나 쌓듯, 주의를 기울이고 집중력을 발휘해 조금씩 차근차근 자기만의 삶을 쌓아가야 한다. 라이프

니츠는 "우리가 보내는 시간들의 가장 소소한 부분까지 경험하고 느낄 수 있다면, 우리는 그런 능력 덕분에 오래도록 살 수 있다"고 말했다.[7] 우리가 하는 행동을 통해 삶을 확장하고 무력감과 타성에서 벗어날 수 있을 때에야 우리는 비로소 온전히 자신만의 삶을 영위할 수 있다.

일상에
대하여

○

우리에게 주어진 유일한 삶은 매일 반복되는 일상이다. 이는 우리가 가장 벗어나고 싶어 하는 삶이기도 하다. 다른 시공간에 있는 삶, 말하자면 내면의 삶, 과거의 삶, 내밀한 삶, 영원한 삶 같은 것들은 아무것도 변화시키지 못한다. 일상이 우리에게 주어진 유일한 삶이며, 우리는 거기에서 벗어날 수 없다. 비극이 닥치거나 예기치 않은 상황이 오더라도 우리의 평범한 일상은 계속된다.

우리가 시간의 지배를 받기 때문만은 아니다. 살아가는 일이란 반복이자 습관이며 그리 대단치 않은 일상이 매일 되풀이되는 것이기 때문이다. 일상은 지독한 근심과 권태가 동반되는 만성 질환 같은 것이다. 몽테뉴가 말한 것처럼, 이 "한 무리의 자질구레한 고통"[8]은 우리를 쓰러뜨릴 수는 없지만, 피폐하게 할 수는 있다.

일상의 정신병리학

일상이 무엇인지 알고 싶다면 수첩을 열어보기만 하면 된다. 거기에는 우리를 제약하는 것들과 우리가 해야 하는 것들이 뒤섞여 있다. 우리는 가로축에는 날짜와 요일이 있고 세로축에는 해야 할 일들이 적힌 계획표와 같은 삶을 살아간다. 이런 일상의 계획표는 대부분 우리를 속박하는 것들로 이루어져 있다. 프랑스 철학자 모리스 블롱델은 "내 삶에 제약이, 말하자면 억압이 있다는 것은 망상이나 변증법적 유희가 아니라 일상적 삶의 가혹함"이라고 말했다.[9] 일상은 너무나 가혹해서 우리는 삶을 가볍고 경쾌하게 살아내지 못한다. 그래서 늘 시간의 제약이 느슨해지고 부담이 가벼워지는 순간들, 고된 하루의 쉼표가 되어주는 순간들을 기다린다. 그리고 고통이나 슬픔이 가벼워질 때 우리는 행복감을 느낀다.

삶에는 가혹한 제약뿐만 아니라 무미건조한 반복도 존재한다. 가끔 변화가 있기는 하지만 언제나 같은 행동, 같은 일, 같은 장소가 반복된다. 일상이 반복되다 보면, 존재의 겉모양은 지워지고 왜곡된 특성만이 남는다. 예컨대 언제나 주목받으려고 애쓰는 직장 동료는 하루하루 더욱 우스꽝스러운 사람이 될 뿐이고, 사무실로 출근하는 길은 두 개의 직선, 세 개의 곡선 등 몇 개의 선으로만 남는다.

일상의 세계는 단조롭고 빛바랜 세계다. 세계의 모든 것은 무의미하지만, 그럼에도 불구하고 가장 중요하게 여겨진다. 이 세계는 모든 것이 동일선상에 있는 평평한 세계다. 그래서 각본이나 순서 없이 중요한 일과 하찮은 일이 똑같이 한데 뒤섞여 일어난다. 일상을 하나의 이야기로, 들어줄 가치가 있는 것으로 만들려면 모든 것을 다듬고 고쳐 다시 지어내야 한다. 영웅들은 일상을 살지 않는다. 그들은 사건이나 비극을 경험할 뿐, 결코 매일의 삶을 경험하지 않는다.

일상에서 비극이 일어나지 않는다는 말은 아니다. 비극은 일상이라는 보통의 상태가 중단되면서 일어난다는 말이다. 우리는 위대한 일을 이룩해낸 여느 평범한 사람들과 다르지 않은 영웅들을 만날 수 있지만, 일상 속 영웅은 더 이상 영웅이 아닌 그저 범속한 사람일 뿐이다. "자기 하인에게도 영웅으로 보일 수 있는 사람은 없다."[10] 영웅은 일상에서 벗어나 있을 때만 영웅이 될 수 있다. 바로 이런 차이가 삶과 픽션을, 현실과 문학을 갈라놓는다. 그래서 아무리 현실적인 소설이라 해도 일상은 이야기되지 않는다. 내러티브, 시나리오, 서사를 구성할 때 일상은 뒷전으로 밀려난다.

매일의 일상이 입체적인 삶이 아닌 까닭이다. 앞서 말했듯이 일상에서는 모든 것이 동일선상에 있고, 모든 일이 하나의 무대에서 벌어진다. 그래서 우리는 우리가 일상에서 행하는 무의식적인 행위에 휩쓸려 자기 자신을 잃어버릴 수도 있다. 프랑스 작가 레이몽 크노의 말처럼 말이다. "올라가고 내려가고, 가고 오는 인간은 너무 많은 일을 하다가 결국에는 사라져버린다."[11]

문학이라는 삶의 조미료

우리는 이런 삶에 만족하지 못하지만, 그렇다고 다른 삶을 살 수도 없다. 아주 행복한 삶이든 불행한 삶이든 모든 삶에는 필연적으로 일상이 존재하기 때문이다. 삶은 단 한 번뿐이지만, 우리는 결코 삶에 만족하지 못한다. 그래서 인간은 밋밋한 일상에 감칠맛을 더하기 위해 다양한 향미제와 조미료를 개발했다. 그중에서 문학은 단연 가장 자극적인 조미료다. 우선 소설과 시, 비극과 희극은 우리를 일상에서 벗어나게 해주는 탈출구가 되고 감정의 배출구 역할을 한다. 문학에서는 감정에서부터 말과 소리, 행위에 이르기까지 모든 것이 사건이 되고 중요한 의미를 갖는다. 또한 문학은 이제껏 경험해보지 못한 사랑의 열정 같은 감정을 경험할 수 있게 해준다. 이는 실제로 겪어보지 않고도 사랑과 그것으로 인한 슬픔을 오롯이 느끼는 보바리즘(Bovarysme)이라는 문학적 질병을 유발한다.

또한 문학은 지나간 과거를 되살리고 언어의 힘으로 복원한 삶을 보여줌으로써 현재의 삶을 더욱 풍성하게 한다. 그래서 프루스트는 이렇게 썼다. "과거의 부활은 그것이 지속되는 짧은 시간 동안 너무나도 완전하여 (중략) 우리의 코로 아득히 먼 장소의 공기를 들이마시게 하고, (중략) 우리의 온 존재가 그 장소에 둘러싸여 있다는 느낌이 들게 하거나, 최소한 그

장소와 현재의 장소 사이에서 비틀거리고 있다는 생각이 들게 한다. (중략) 따라서 서너 번 내 안에서 부활한 존재가 방금 전에 맛보려 한 것은 시간에서 벗어난 존재의 단편들이었을 것이다. (중략) 나는 살면서 어쩌다가 주어지는 이런 기쁨이야말로 우리의 영혼을 풍성하게 하는 단 하나의 진정한 기쁨이라는 것을 직감했다."[12]

문학과 예술, 그리고 철학이라는 향미제와 조미료가 아니라면, 우리는 그저 하루하루가 이어지는 것에, 시간의 흐름에 따른 삶을 살아가는 것에 만족해야 할 것이다. 우리의 존재를 육체도 영혼도 없는 하나의 기계로 전락시키는 이런 무미건조한 일상에서 우리는 벗어날 수 있을까?

단기적 습관을 추구하기

여행 전문가나 성의학자, 심리학자는 습관에서 벗어나 강렬한 삶을 살아보라고 권유한다. 전 세계의 목가적이고 평화로운 휴양지에서 축제를 즐기듯, 일상에서도 이벤트를 즐겨보라고 말이다. 우리의 삶 속에서 축제를 벌인다고? 그러나 축제를 마련하는 일 역시 우리를 즐겁게 하는 만큼 지루하게 하는 또 다른 습관이 될 뿐이다. 그러므로 이에 대한 해결책은 오래 지속되지 않고 단기간에 끝나는 습관을 갖는 것이다. 그러면 우리는 정착과 방랑의 즐거움을 동시에 누릴 수 있다. 정착민이자 유목민이 된 우리는 지속과 변화를 동시에 만끽할 수 있다. 이것이 바로 니체의 처방전이다. 니체는 이렇게 말했다. "나는 단기적인 습관을 사랑하며, 이것이 '수많은' 사물과 상태를 알게 해주는 더없이 귀중한 수단이라 생각한다."

니체의 단기적 습관이라는 처방전은 다양한 활동을 권장하지 않는다. 니체는 한자리에서 오래 지속되는 것들, 즉 영원히 계속될 것 같은 습관의 편안함을 느껴보라고 말한다. 예컨대 아침 일찍 일어나 이곳저곳을 걷고, 똑같은 사람들을 만나지 않고, 같은 선택을 하지 않고, 같은 종소리를 듣지 않는다. 그러면서 그렇게 평생을 살 수만 있다면 얼마나 좋을까 하고 생각한다. 그러나 어느 날 단기적 습관은 제 몫을 다하고 끝나버린다. 니체는 단기적 습관이 끝나는 순간을 이렇게 설명했다. "그 습관은 이제 나를 떠나 환멸을 불러일으키는 것이 아니라, 그것이 내게 만족한 만큼 나도 그것에 만족한 상태로 평화롭게 서로 감사를 느끼며 작별의 손을 내밀 것이다. 그러면 벌써 새로운 것이 문 앞에서 기다리고 있을 것이다. 그리고 나는 또다시 그 새로운 것이 옳은 것, 궁극적으로 옳은 것이라고 믿을 것이다."

그렇다면 단기적 습관의 미덕은 무엇일까? 우리는 하나의 단기적 습관을 가질 때마다 그것이 옳고 영원히 지속될 것이라고, 권태와 피로를 극복할 수 있게 해줄 것이라고 생각하면서, 마침내 집으로 돌아와 여행 가방을 내려놓은 사람처럼 편안함을 느낀다. 지속적인 습관은 마음을 무겁게 하고 삶의 공간을 협소하게 만들지만, 단기적인 습관은 삶의 공간을 확장하고 풍요롭게 하며 흥미롭게 만든다. 그래서 니체는 이렇게 말했다. "내가 가장 견딜 수 없는 것, 정말로 무서운 것은 아무런 습관이 없는 삶이자 끊임없이 즉흥성이 요구되는 삶이다. 그런 삶은 내게 시베리아 유형이나 다름없을 것이다."[13]

의지박약에
대하여

○

인간의 행동은 본능적인 것이다. 말하자면 억제할 수 없는 충동, 내뱉는 호흡, 최소한의 추진력, 그리고 시작과 정지라는 두 가지 단순 기능이 있는 엔진 같은 것이다. 그래서 인간의 행동 패턴은 시작, 실행, 종료로 요약되는 모든 자동차의 엔진 작동 패턴과 크게 다르지 않다. 인간의 이런 행동 패턴은 원한다면 행할 수 있고, 소망한다면 할 수 있다는 것을 보여준다.

그러나 담배를 끊고자 하면서도 금연을 해내지 못하는 사람은 실천으로 이어지지 않는 의지의 고질적인 문제를 여실히 보여준다. 해야 할 일을 하지 못하는 것과 자신의 의지를 발휘하지 못하는 것은 일종의 질병이다. 이는 고대 그리스 시대부터 '아크라시아'라는 이름으로 지칭되어왔으며, 오늘날에는 대개 의지박약으로 불리는 질병이다.

아크라시아

'오늘은 시작해야지. 아니야, 내일부터 하자.' 이렇게 눈 깜짝할 사이에 의지는 백기를 들고 항복을 선언하며 뒤로 물러선다. 시작하지도 끝내지도 못하는 우리는 제자리걸음을 하고 뒤로 미루면서 시간은 언제든 있으니 행동하기만 하면 된다는 말을 되풀이한다. 미루는 습관을 버리지 못하고 아크라시아에 빠진 사람이 가고자 하는 목적지는 너무나 아득하고 희미해서 결코 도달할 수 없을 것만 같다. 그의 현재는 끝이 없고 모호해서 날짜도 기한도 없이 계속되기에, 행동의 순간은 언제나 뒤로 미뤄진다.

아크라시아는 낙관적 아크라시아와 비관적 아크라시아로 나뉜다. 전자는 눈앞에 불똥이 떨어지면 모든 일을 끝낼 수 있다고 자신의 능력을 확신하며 시작조차 하지 않는다. 후자는 언제나 해야 할 일을 내일로 미루는 것에 죄책감을 느끼면서 해야 할 일과 하지 못한 일의 목록을 고통스럽게 작성한다. 전자는 심혈관계에 악영향을 미치는 벼락치기로 탈진할 위험이 있는 반면, 후자는 미완성된 일을 계속해서 되풀이하고, 하지 못한 일들에 대한 아쉬움 때문에 마음이 편치 않아 늘 피로감에 시달린다. 전자는 두 시간 안에 반납하고 결제하고 답변을 줘야 한다는 압박감을 느끼는 반면, 후자는 전구를 갈아야 한다, 지원서를 작성해야 한다, 비행기 표를 예매해야 한다, 체중 감량을 해야 한다 식의 '해야 한다'는 생각으로 늘 괴로워한다. 두 경우 모두 끊임없이 스트레스에 시달리는데, 전문가들은 스트레스란 할 수 없어서 하지 못한 일이 아니라 할 수 있었으나 하지 않은 일에서 비롯된다고 말한다.

이것이 바로 끊임없이 다시 자라는 잡초처럼 우리의 삶을 잠식하고, 음악 소리에 묻혀 있는 잡음처럼 우리 내면의 삶을 어지럽히는 아크라시아다. 해야만 하는 일을 하지 않은 나는 나 자신으로 존재하지 못한다. 다시 말해, 의지박약은 취약한 의지 때문에 목적한 바를 실행하지 못하는 것이 아니라, 죽지도 살지도 못한 채 나 자신으로 온전하게 존재하지 못하는 상태다. 이 질병에 가장 정확한 진단을 내린 사람은 아우구스티누스였다. 그는 이렇게 말했다. "나는 행하려 했지만, 행하지 않았다. 그리고 나는 노력을 기울였다. 그러나 나는 우물쭈물하다가 죽을 때 죽지 못했고, 살 때 살지 못했다."[14] 의지와 행동 사이에서 벌어지는 이 갈등, 어정쩡하게 살아가는 것 같은 기분을 느끼게 하는 이 내면의 균열 때문에 우리는 자신과 괴리되고 급기야 자기혐오에 빠지게 된다.

의지와 정신력

아우구스티누스는 우리의 자유가 "반쪽짜리 자유"이기에 의지가 있다고 해도 모든 걸 다 실천할 수는 없다고 말했다.[15] 따라서 의지박약을 해결하기 위해서는 외부의 도움을 바라는 수밖에 없다. 의지박약을 고치기 위해 의지에 기댄다는 것 자체가 어불성설이기 때문이다. 의지를 대신할 수 있는 외부의 도움은 바로 기독교 신학에서 말하는 '은총'이다. 인간의 의지가 신의 은총에 의해서만 발휘될 수 있는 것이라면 인간에게 과연 자유의지가 있는가라는 질문에 당대의 저명한 지성인들은 큰 관심을 가졌다. 17세기에 와서는 파스칼에서 페넬롱, 라신에 이르는 많은 철학자들이 이를 두고 치열한 논쟁을 벌였다. 이는 단지 신학에만 국한된 문제가 아니라 인간이 정말로 자유의지를 가진 존재인지, 의지란 실체가 없는 하나의 개념에 불과한 것인지, 인간은 오직 쾌락을 추구하기 위해서만 행동하는지에 대한 답을 찾는 것이기도 했다.

그런데 인간에게는 굳센 정신력이 있다. 자신에게 팔 한쪽이 없는데도 그 장애가 싸움에 방해가 되지 않는다고 생각하는 마음 말이다. 그렇기에 삶은 승리함으로써 가장 눈부신 희망을 품을 수 있는 자기 자신과의 싸움이다. 플라톤은 이렇게 말했다. "모든 승리 중에서 가장 중요하고 찬란한 승리는 자기 자신을 이겨내는 것이며, 모든 패배 중에서 가장 수치스럽고 비참한 패배는 자기 자신에게 지는 것이다. 이는 인간에게는 모두 자기 자신이라는 적이 있음을 의미한다."[16]

코르네유의 작품을 보면 자기 자신에게 맞서는 인간의 패기를 엿볼 수 있다. 그의 희곡 《르 시드(Le Cid)》에 등장하는 주인공의 행동 원칙은 이렇다. "나는 내가 했어야 할 일을 했고, 내가 해야 할 일을 한다." 이는 아크라시아와 정반대되는 태도다. 그의 또 다른 희곡 《메데(Médée)》에서 주인공이 보여주는 담대한 용기는 그 자체로 가장 위대한 승리다.

> **네린**: 메데, 당신의 조국은 당신을 증오하고, 당신의 남편은 당신을 저버렸습니다. 이 최악의 상황에서 당신에게 무엇이 남아 있습니까?
>
> **메데**: 나, 내가 남았지. 그것으로 충분하다.
>
> **네린**: 아니! 혼자서 어쩌시려고요?
>
> **메데**: 보이느냐? 나는 혼자지만 내 안에는 쇠와 불이 있고, 땅과 바다가 있으며, 지옥과 하늘이 있다. 또한 왕들의 망령과 신들의 격노가 있다.

그러나 한편으로 우리는 싸움 자체를 거부함으로써 승리하는 오디세우스의 치료법을 선택할 수도 있다. 의지박약에 맞서 싸우려고 해봤자 백전백패는 불을 보듯 뻔하다. 따라서 세이렌의 노래에 유혹당하지 않기 위해 범선의 돛대에 자신을 결박한 오디세우스를 따라 하는 편이 나을지도 모른다.[17] 자신의 취약한 의지에 맞서겠다고 의지에 기대는 것은 결코 좋은 방법이 아니다. 따라서 의지박약을 고칠 수 있는 가장 효과적인 방법은 나를 구원해주지 못하는 의지에 기대는 대신 실질적으로 나를 도울 수 있는 장치를 이용하는 것이다(오디세우스가 돛대에 자신을 결박한 것처럼).

그 장치가 혹독하고 엄격할수록 효과는 더욱 커진다. 스스로에게 의무를 지우고, 족쇄를 채우고, 강제하고, 자신의 입을 봉하는 것, 이 모든 장치가 취약한 우리의 의지를 보완해준다. 그러므로 케이크를 세 입만 먹겠다고 결심하기보다 아예 케이크를 사지 말고, 공과금을 연체하지 않겠다고 결심하기보다 미리 자동납부를 신청해두는 편이 의지에 기대는 것보다 훨씬 나은 방법일 것이다.

무의식 이용하기

아크라시아는 미래의 이익보다 더 강력한 현재의 쾌락이 의지를 압도하는 데서 기인한다. 예컨대 흡연은 건강을 해치지만, 지금 당장은 아니다. 금연을 결심하고 나서 담배를 피우고 싶을 때 오로지 의지에 기대어 참으려고 한다면, 당연히 당장의 쾌락에 패배하고 말 것이다. 그러므로 의지가 아닌 무의식에 기대는 방법을 고려해보자. 아무 생각 없이 물속에 뛰어드는 것처럼 깊이 생각하거나 주저하지 말고, 해야 할 일을 미루게 하는 우리의 자유의지를 차단한 채 행동하는 것이다. 주변 사람들에게 자신을 채찍질해달라고 부탁할 수도 있다. 일례로, 드골 장군은 금연을 결심하고 자신의 참모들에게 이를 알린 뒤 자신을 감시해달라고 부탁했다. 의지력은 해결책이 될 수 없으며, 의지력으로는 의지박약을 물리칠 수 없다.

따라서 미루기나 변명을 허용하지 않는 무의식을 이용하면 보다 단호하게 의지박약에 맞설 수 있다. 파스칼이 지적한 것처럼, "우리는 자신을 오해해서는 안 된다. 우리는 정신이 있으면서도 무의식적으로 움직이는 기계와 같기 때문"이다. "폭력도 예술도 논쟁도 없이" 반사적으로 실행되는 행동은 의지력이 소용없는 곳에서 효과를 발휘한다. 의지는 "느릿느릿하게 수많은 원칙에 대해 수많은 견해를 가지고 행동하기 때문에 (중략) 언제든 슬며시 잠에 빠지거나 길을 잃을 수 있지만" 무의식적인 행위, 즉 우리가 자신에게 부과한 반사적 행동은 "순식간에 실행되며 언제든 실행될 준비를 하고 있다".[18] 그러므로 우리는 공과금 납부하기, 전화하기, 서류 작성하기, 예약하기, 전구 교체하기 등 언제나 미루기만 하는 온갖 일들을 생각만 하지 말고, 즉시 '실행'과 '완료'가 자동적으로 이루어지는 기계처럼 처리해버려야 한다.

두려움과
공포에 대하여

○

　우리는 무엇을 두려워할까? 타인에 대한 두려움, 죽음에 대한 두려움, 실패에 대한 두려움…. 거대한 공포감에서 소소한 두려움에 이르기까지 우리는 다양한 형태의 두려움 속에서 살아간다. 두려움은 처벌과 죄책감을 데리고 온다. 어떤 잘못을 저질러서 그 대가를 치를 것이라는 생각이 두려움을 유발하는 것이다. 이렇게 모든 두려움은 어떤 의미에서 처벌에 대한 두려움이라고 할 수 있다. 따라서 두려움은 우리에게 상이나 벌을 내리며, 우리의 운명을 관장하는 불가사의한 '섭리'에 대한 막연하고 모호한 믿음에서 기인한다고 볼 수 있다.

이처럼 모든 두려움은 궁극적으로 강한 힘을 가진 존재에 대한 두려움이다. 그 존재는 우리의 운명을 결정하는 신일 수도 있고, 우리가 보기에 우리보다 뛰어난 능력을 가진 사람들, 말하자면 상사나 철학 선생 같은 사람들일 수도 있다.

증상과 징후

스트레스는 항상 도처에 널려 있기에 이제는 어떤 질병이 아닌 삶의 한 부분으로 여겨진다. 모두가 스트레스를 받고, 모든 것이 스트레스를 준다. 우리의 모든 감정이 스트레스라는 말 한마디로 뭉뚱그려질 정도다. 우리는 대개 온갖 부정적인 감정을 스트레스로 받아들인다. 흥분과 불안 사이 어디쯤에 존재하는 스트레스는 우리를 초조하고 혼란스럽게 하는 모든 것이라 할 수 있다.

장 클로드라는 사람을 만난다고 상상해보자. 그가 애인이든, 반려견의 수의사든, 관리자든, 노조 대표든, 그것은 스트레스다. 아니면 벨기에로 떠난다고 생각해보자. 일 때문이든, 휴가 때문이든, 어학연수 때문이든, 그것은 스트레스다. 이처럼 스트레스는 온갖 행동과 감정을 통칭하는 용어가 되었다. 작은 두려움으로 여겨지는 스트레스는 사소한 것부터 중대한 것까지 모든 것의 영향을 받는다. 또한 스트레스는 실존적 차원의 문제가 아니라 보다 임상적이고 의학적이며 약물학적인 신경생물학 차원의 문제로 이해된다. 뇌와 위가 상호적 영향을 주고받는 스트레스는 두려움과 달리 종교적 성격을 띠지는 않는다. 스트레스는 신에 대한 공포나 경외감이 아닌 단순한 기능 장애라고 할 수 있다.

그러나 두려움은 스트레스와는 다른 성질의 감정이라서, 스트레스를 완화할 수 있는 어떤 방법도 두려움을 누그러뜨리지 못한다. 그도 그럴 것이 두려움은 보다 근본적인 어떤 것, 즉 우리가 완전히 통제하지 못하는 이 세계와 삶 속에서 누군가가 우리를 지켜보고 있다는 막연한 믿음에서 시작되기 때문이다. 우리는 누군가에게 '보이고 있다'는 사실에 두려움을 느낀다.

그것은 신에 대한 두려움으로, 신이 우리를 보고 있고 어쩌면 우리를 못마땅하게 여길 수도 있다는 것을 예민하게 의식하고 있다는 방증이다. 인류는 최초로 직립보행을 시작한 이후 두려움 속에서 살아왔고, 그 두려움은 소심함, 내일에 대한 불안, 버려질지도 모른다는 공포로 드러난다.

철학의 치료법

'보이고 있다'는 사실, 즉 무방비 상태로 관찰되고 있다는 사실에서 비롯되는 두려움은 망상과 미신으로 이어진다. 망상이나 미신에 빠져 있는 사람은 아주 사소한 사건일 뿐인데도 불길한 일이 일어날 것 같다고 상상하고, 아주 사소한 행동에도 의미를 부여하면서 만사를 과도하게 해석하기 때문에 두려움에 쉽게 잠식된다. 그들은 누군가가 자신을 계속해서 지켜보고 있다고 생각하므로 경계를 늦추지 않는다. 미신을 믿는 이들은 타인이 아닌 자신을 지켜보고 자신의 운명을 관장하는 영검한 미지의 절대자를 두려워한다. 종교를 두려움과 공포로만 받아들이는 그들은 자기 내면의 불안을 외부 세계에 투사한다. 이런 두려움은 프로이트가 주장한 무의식의 개념과 매우 유사하다. 프로이트는 "정신의 한 부분에 숨겨져 있는 것이 무의식이며, 모든 일은 무의식의 발현일 뿐 우리의 삶에 우연이란 없다"고 말했다.

그러나 정신분석학자와 달리 미신을 믿는 사람들은 자

신의 무의식적 동기를 전혀 이해하지 못한다. 그들은 실상 정신 현상에 불과한 문제를 행운이나 불운으로 여기면서 자신의 무의식적 동기를 외부 세계에 투사한다. 심리적 동기를 파악함으로써 우리는 두려움뿐 아니라 미신과 신앙이 무엇인지를 이해할 수 있다. 이에 대해 프로이트는 이렇게 설명했다. "가장 현대적인 종교에도 영향을 미치는 미신적 세계관의 대부분은 외부 세계에 투사된 일종의 직관에 지나지 않는다. (중략) 우리는 이런 관점으로 옮겨가면서 천국, 원죄, 신, 선악, 불멸 등과 관련된 미신을 해체하는 과제를 자신에게 부여할 수 있을 것이다."[19] 우연이나 사고 같은 것은 존재하지 않으며, 모든 것은 신 또는 보이지 않는 힘에 의해 지배된다고 믿는 고루하고 미신적이며 망상적인 세계관은 원초적인 두려움의 근원이다.

그런데 프로이트의 이론은 여러모로 17세기 철학자 스피노자의 철학과 닮아 있다. 실제로 우리는 미신과 망상을 두려움의 원인으로 지목한 프로이트의 분석에서, 미신으로부터 인간을 해방시키는 것이야말로 철학의 중요한 책무라고 말한 스피노자의 주장을 엿볼 수 있다. 스피노자는 이성적 사유를 통해 인간이 왜 운명, 신 또는 불운 같은 미신에 휘둘리는지, 왜 처벌이나 비난을 받을까 봐 두려워하는지를 파악하고 정의할 수 있다고 생각했다. 스피노자에 따르면 인간, 세계, 역사, 개개의 존재, 즉 세상의 모든 일은 원인과 결과로 필연적으로 연결되어 있으며 수학적 질서에 따라 움직인다. 인간은 절대자에게 감시당하는 존재가 아니라 규명되는 존재다. 이 세상에 존재하는 신은 오직 인과율뿐이다.

인과율 인식하기

삶에서 확실한 것은 아무것도 없기에 우리는 두려움을 느낀다. "역풍에 밀려 출렁이는 바다의 파도처럼, 우리는 우리에게 무슨 일이 일어날지, 우리의 운명이 어떻게 될지 모른 채 이리저리 흔들린다."[20] 배가 침몰할까 봐 두려워하면서 우리는 희망과 불안, 걱정과 확신 사이에서 끊임없이 갈팡질팡한다. 이렇게 계속되는 불안 속에서 우리는 온갖 두려움을 느끼고 아주 사소한 '징조'에도 예민하게 반응한다. 그렇지만 "정해진 계획에 따라 모든 일을 통제할 수 있거나 언제나 행운을 잡을 수 있다면, 미신의 포로가 되는 일은 결코 없을 것이다". 이에 스피노자는 두려움을 떨칠 수 있는 근본적인 치료법을 제시했다. 그는 두려움이 아닌 인과율을 통해 상황을 파악할 수 있어야 한다고 말했고 불안에 빠져 우울해하는 대신, 미신이 아닌 이성이 인도하는 삶 속에서 지식의 기쁨을 느낄 수 있어야 한다고 강조했다.

스피노자는 "두려움이 계속되는 한 인간은 미신의 지배를 받을 것이며, 종교적 경외심을 가지고 고수하는 허황된 제사는 슬픔에 빠져 두려워하는 한 영혼의 상상 속 망령에게 바쳐질 뿐"이라고 말했다. 두려움은 우리를 우울하게 하고 희망은 우리를 불안하게 하기 때문에 "아주 사소한 이유만으로도 우리는 다시 행운이 올 것이라고 희망을 품거나, 반대로 아주 끔찍한 두려움에 빠져버린다"고도 했다. 두려움에 압도된 사람이 스스로 그것을 떨쳐내려 애쓰지 않고, 자신의 이성을 부정하면서 분노와 증오와 슬픔에만 잠겨 있다면, 그는 언제까지나 혼자일 수밖에 없다.

비단 신앙이 있는 사람이나 순진한 사람만 미신에 빠지는 것은 아니다. 누구나 미신에 빠질 수 있다. 미신은 정치의 기본 원칙이기도 하다. "미신보다 더 효과적으로 다수를 지배할 수 있는 수단은 없기"[21] 때문이다. 왕을 신처럼 떠받들게 하는 것이 바로 미신이다. 운명에 기대지 않고 항상 원인을 파악하려고 하는 자유인은 두려움이 아닌 자신이 해야 할 일에 집중한다. "그의 지혜는 두려움이 아니라 삶에 대한 고찰에 있다."[22]

따라서 우리는 두려움을 온전히 이성적으로 받아들일 수 있도록 노력해야 한다. 또한 불확실한 세상에서 확신에 이르는 일은 불가능에 가까우므로, 두려움의 원인을 불확실한 것에서 찾지 말고 통제할 수 있는 것에서 찾으려고 해야 한다. 예컨대 검은 고양이가 지붕 위를 지나고 있는데 기왓장 하나가 행인의 머리로 떨어진다면, 제일 먼저 해야 할 일은 이를 불길한 징조로 여기는 것이 아니라 지붕을 수리하는 것이다.

사랑에
대하여

○

사랑은 육체와 영혼의 열정이다. 사랑은 피와 신경, 생각과 표현을 뒤죽박죽으로 만든다. 영적이면서 육적인 사랑은 육체적·심리적 고통을 유발한다. 사랑은 "모든 열정의 여왕"[23]이어서 다른 열정들은 사랑으로 귀결되고 사랑에 의해 지탱되고 유지된다. 돈을 사랑하지 않는데 어떻게 구두쇠가 되고, 권력을 사랑하지 않는데 어떻게 야망을 품을 것이며, 삶을 사랑하지 않는데 어떻게 행복해질 수 있겠는가. 모든 열정은 우리가 무언가를 사랑하는(또는 증오하는) 방식이다.

다른 모든 열정은 개인의 특성과 결점을 드러내면서 각

기 다른 양상으로 나타나지만(계산적이다, 오만하다, 성미가 불같다, 이타적이다, 냉혹하다 등), 사랑의 열정은 모두에게 예외 없이 같은 양상으로 나타난다. 실제로 누구나 언젠가는 사랑을 하고, 또 사랑 때문에 고통받는다. 정도의 차이는 있지만, 사랑의 열정에 빠져 있을 때 무언가에 사로잡히는 느낌을 경험해보지 못한 사람은 없을 것이다. 누구나 언젠가는 사랑 때문에 병들고 사랑의 노예가 된다.

이런 치명적인 감정은 어디에서 오는 걸까? 따뜻하고 세심하고 모든 걸 내어주었던 사랑은 어째서 소유욕과 우울, 미움으로 변하는 걸까? 사랑은 영혼의 질병이다. 왜냐하면 사랑은 소유욕과 자기 상실의 경험, "그 병에서 회복되고 치유되어야 한다는 생각조차 거부하는 마법"[24]에 걸린 듯한 정신적 문제이기 때문이다. 사랑에 빠졌을 때 우리는 어느 때보다도 살아 있음을 느끼지만, 동시에 자신에 대한 통제력을 잃어버린다. 그렇게 우리는 열정이라는 독에 도취된다.

증상

모든 열정은 도박과 비슷하다. 폐쇄된 공간에는 룰렛,

홀수, 짝수, 그 여자, 그 남자 외에 아무것도 없다. 강렬한 열정이 낳은 집착은 세상을 그 사람의 존재와 부재로 이분한다. 나는 생각하고, 말하고, 원하고, 거부하고, 이 모든 행위를 육체와 정신이 건강했던 예전과 다름없이 해내지만, 그런 행위는 모두 그 또는 그녀라는 하나의 대상, 하나의 목표만을 향한다. 뜨거운 열정은 삶을 빈약하게 한다. 물론 사랑의 열정은 강렬한 감정이지만, 바로 그 때문에 열정은 그것과 관계없는 모든 것을 무의미하게 하면서 현실감을 앗아간다.

사랑한다는 것은 일종의 망상이다. 열정에 빠진 사람은 망상에 빠져 있다. 열정에는 그만의 정신적(나는 그 사람만을 생각한다)·언어적(그가 내게 말했다, 나는 그에게 말할 것이다) 세계가 존재한다. 삶은 그 세계에 의해 밀려난다. 열정에 빠져 있을 때 삶은 피폐해지고, 이 세상에는 그 사람과 나만 존재하는 듯하다. 이 세계도, 생기도, 삶의 활력도, 삶의 우연과 예상치 못한 미묘한 변화도 더 이상 존재하지 않는다. '그가 내게 이렇게 말했고, 나는 그를 바라보았고, 그가 내게 대답을 했다'는 이야기가 단조롭게 되풀이되는 것이 사랑이다. 그러나 이런 감정의 상호 작용은 비록 단조로워 보일지라도 자신이 중요한 사람이고 대체할 수 없는 사람이며, 사랑하고 사랑받고 있다는 느낌을, 그리하여 충만한 삶을 살고 있다는 느낌을 갖게 해준다.

거대한 단색화 같지만 소소한 디테일이 살아 있고, 숭고해 보이지만 사랑스러운 애칭과 귀여운 애교가 가득한 사랑의 열정은 단지 그것이 끝날 때만 우리를 고통스럽게 하는 것이 아니다. 사랑의 열정은 충족되지 않는 욕망과 불안으로 평생 동안 우리를 괴롭힌다. 사랑할 때 우리는 그저 사랑하는 이와 함께 있는 것만으로 만족하지 못하고 그 사람을 완전히 소유하고자 하는 욕망에 사로잡힌다. 그리고 이 사랑의 진리를 가장 훌륭하게 표현한 사람은 소설가가 아니라 철학자다.

칸트의 치료법

칸트는 사랑의 열정을 일종의 식인 행위로 보고 이렇게 주장했다. "인간은 성적 취향이 아니라면 타인의 육체를 먹고 싶어 하지 않는다." 사랑한다는 것은 타인을 "먹고 싶어 하는 것"이다. 섹스는 일종의 "육체에 대한 범죄"[25]다. 사랑은 본질적으로 야만적이다. 그리고 성적 본능은 이 열정의 진실을 고스란히 드러내준다. 이것은 결국 공허함으로 끝나는 감정 없는 섹스만이 아닌 모든 사랑에 적용되는 진실이다. 플라톤은 이보다 앞서 사랑의 열정에 내포되어 있는 식인 행위를 지적한 바 있다. 그는 사랑에 빠진 사람은 늑대가 어린 양을 바라보듯 사랑하며, 포식자의 "애정"으로 상대를 욕망한다고 주장했다.[26]

이런 열정의 야만성을 통제할 수 있는 방법으로 칸트는 결혼을 제시했다. 그는 결혼으로 사랑의 식인 행위를 끝낼 수는 없다 해도, 상대를 포식하려는 열정의 관계를 법의 테두리 안으로 끌어들여 합법화해야 한다고 주장했다. 칸트에 따르면, 결혼이라는 제도는 열정의 야만성을 문명화하고 길들인다. 결혼은 부부가 서로를 자신만의 의지와 감정을 가진 인격체로 존중한다는 전제하에 성관계를 도덕적으로 정당화하는 계약이며, 이를 통해 성관계는 법적으로 통제되고 제한된다. 이런 의미에서 모든 결혼은 법에 의해 욕망과 식인 행위가 통제되고 판단되는 일종의 정략결혼이다. 그러므로 혼외의 성관계는 어떤 면에서 '돼지고기 구이'에 불과하다.

그러나 근대에 연애결혼이 생기면서 열정에 사로잡힌

식인 행위는 결혼이라는 평화로운 테두리 안으로 들어오게 되었다. 포식자 늑대가 남편의 얼굴을 하고 양 우리 안으로 들어온 셈이다. 그렇다면 남은 문제는 부부 간의 신의와 욕망을 어떻게 지속할 수 있는가다. 부부는 비둘기처럼 사랑할 수 있어야 한다. 서로가 서로에게 어느 곳에서든 늘 새롭게 세상의 전부가 되어주고, 서로의 사랑으로 현실 세계만큼 광활한 세상을 창조하고, 그 세상을 아름답게 가꿔 나갈 수 있어야 한다. 라 퐁텐의 우화에 등장하는 두 비둘기처럼 말이다.

> "두 마리 비둘기는 서로를 무척 사랑했습니다.
> 어느 날 한 비둘기가 집에만 있는 게 지겨웠던 나머지
> 어리석게도 먼 곳으로 여행을 떠나버렸습니다.
> (중략)
> 연인들이여, 행복한 연인들이여, 여행을 가고 싶은가요?
> 그렇다면 가까운 강가에서
> 서로에게 언제나 아름답고,
> 언제나 다채롭고, 언제나 새로운 세계가 되어주기를.
> 서로에게 모든 것이 되어주고, 나머지는 무시하기를."[27]

사랑의 폐해

사랑은 대개 질투, 배신, 복종, 격정의 사그라짐으로 우리를 병들게 하고 고통스럽게 한다. 그러므로 거기서 살아남을 방법을 찾아야 한다. 결혼이라는 해법에 동의할 수 없다면, 에피쿠로스 철학자 루크레티우스가 주장한 '자유롭게 사랑하기'라는 치료법을 사용해볼 수 있을 것이다. 그는 자신의 저서 《사물의 본성에 관하여》를 통해 사랑과 이로 인해 일어나는 폐해를 비롯한 다양한 주제를 흥미롭게 풀어냈다. 이 책에서 볼 수 있는 그의 주장은 극단적이다. 그는 필연적으로 우리를 어리석고 불행하게 하는 사랑의 열정에서 벗어나야 한다고 말한다.

사랑의 열정에 빠지면 눈에 콩깍지가 씌기 때문에 상대의 결점은 보지 못하고 어리석은 행동을 한다. 그래서 사랑의 그물에 걸린 남자는 성마른 여자를 "가젤 같다"고 하고, 말 더듬는 여자를 "아기처럼 옹알이를 한다"고 하고, 말을 못 하는 여자를 "조신하다"고 한다.[28] 이처럼 사랑에 빠진다는 것은 상대를 초인간적이고 초자연적인 신적 존재라고 여기면서 그 사람을 숭배하는 것과 같다.

사랑한다는 것은 종교에 심취하는 것이나 마찬가지다. 이상을 갈망하고 신들의 존재를 믿고 싶어 하기에 우리는 사랑을 한다. 사랑의 열정은 불가능한 것을 욕망하므로 우리를 불행하게 한다. 사랑의 열정은 상대를 집어삼키고 그 사람과 내가 한 몸이 되기를 열망한다. 그러나 제아무리 미치도록 사랑하며 죽고 못 사는 관계라도 두 사람을 하나로 만들어주지는 못한다. 어쩔 수 없이 따로 떨어진 두 사람으로 남게 되며, 그 때문에 결국에는 헤어질 수밖에 없는 것이 현실이다.

자유롭게 사랑하기

사랑의 고통에서 벗어나려면 사랑해야 한다. 타인, 심지어 아무나 사랑함으로써 우리는 오직 단 한 사람에 대한 외골수의 열정적 환상에서 벗어날 수 있다. '그가 그이기 때문에, 내가 나이기 때문에' 사랑에 빠졌다고 생각하는 대신, '얼마든지 또 다른 사람과 사랑에 빠질 수 있고, 예전에는 그 사람 없이도 잘만 살았다'고 생각할 수 있어야 한다. 한 사람만을 향한 맹렬한 사랑도 우연한 행운의 결과일 뿐이다. 우리는 이전에도 다른 사람들을 사랑했고, 이후에도 다른 사람들을 사랑할 수 있다. 우리 안에 간직하고 있는 열정을 오직 한 사람에게만 쏟아붓는 것은 고통을 자처하는 일이므로, 그 열정을 누구에게든 나누어 주는 것이 좋다.

한 사람만 바라보는 사랑에 빠졌을 때, 우리는 그 사람을 잃으면 누군가를 사랑하는 능력과 열정을 모두 잃게 될 거라 착각한다. 사랑의 열정이 일으키는 문제는 이뿐만이 아니다. 말했듯이 사랑의 열정은 일종의 식인 행위와 같다. 사랑에 빠진 연인들은 격정적인 키스를 하며 서로를 집어삼키고 서로를 갈망하며 한 몸이 되고 싶어 한다. 사랑에 빠졌을 때, 나의 육체를 격정에 불타오르게 한 그 육체가 불타고 있는 나의 육체를 잠재워주기를 바라지만, 그런 일은 일어나지 않는다.

사랑의 열정은 만족감을 얻었다고 해서 채워지는 것이 아니라 더욱더 많은 것을 갈망하게 되는 유일한 감정이다. 타인을 소유할 수도 없고, 온전히 그와 하나가 될 수도 없다. 그래서 더 깊이 사랑할수록 더 큰 허기를 느낀다. 사랑에 빠진 이들은 서로를 갈구하며 몸을 가까이 마주대고, 타액과 숨결을 뒤섞으며 서로의 이를 부딪힌다. 그러나 두 사람 중 누구도 상대의 육체에서 무엇 하나 자신의 것으로 만들지 못하고, 그 육체에 들어가지도, 온전히 하나가 되지도 못한다. 그렇기에 그런 노력은 헛되기만 하다. 사랑하는 사람의 육체를 애무하는 행위에는 밀어내면서도 끌어당기는, 상대에 대한 복수의 마음이 담겨 있다. 그렇게 사랑이라는 양분을 먹고 자라나는 고름은 더욱 부풀어 악화되고 그 맹렬함은 하루가 다르게 더욱 커져간다. 사랑에 빠진 연인들은 이렇게 불가사의하고 알 수 없는 상처로 고통받는다.

행복한 사랑과 불행한 열정, 성적 욕망과 감정은 실상 다를 바가 없다. 모두 하나같이 우리를 고통스럽고 아프게 하기 때문이다. "그러므로 새로운 상처로 처음의 상처를 보듬어주지 않고, 자유롭게 사랑하는 베누스(비너스)의 보살핌에 상처받은 자신을 의탁하지 않는다면, 즉 우리의 열정을 다른 새로운 곳으로 보내지 않는다면, 고통은 더욱 커질 뿐이다."[29]

루크레티우스가 제시한 에피쿠로스 철학의 치료법은 시도 때도 없이 사랑에 빠지라는 것이 아니다. 다만 누군가를 사랑할 때, 오직 하나뿐인 사랑을 찾았다거나 평생 단 한 번만 사랑할 수 있다는 착각에 빠져서는 안 된다는 것이다. 이것이 바로 자유롭게 사랑하는 베누스의 당부다.

위로에
대하어

○

칼 마르크스는 "종교는 인민의 아편"이라고 말했다.[30] 종교란 고통받는 사람들을 위로하고 마음에 안정을 주는 신앙 체계다. 모든 신앙은 현실 도피이자 사람이 만들어낸 환상일 뿐인 낙원에 대한 열망이다. 믿는다는 것은 대개 자신이 처한 현실과 희망의 가능성에 대한 터무니없는 환상에 빠지는 일이다. 신앙은 희망과 관련된 질병이다. 희망은 너무 많이 가져도, 너무 적게 가져도 문제가 된다. 너무 큰 희망을 가지면 현실을 외면하게 되고, 희망이 없으면 현실을 살아 나갈 힘을 얻지 못하기 때문이다.

종교는 삶을 힘차게 헤쳐 나가도록 북돋아주는 역할을 하는 것이 아니라 오직 단 하나의 욕구를 충족시켜줄 뿐이다. 그것은 바로 위로받고자 하는 욕구다. 현실은 절대로 바뀌지 않는다. 그 점이 바로 끔찍한 진실이다. 그래서 우리는 종교, 유토피아, 신화, 이데올로기 같은 모든 것으로부터 위로를 받으려 한다.

위로 중독

산타클로스는 없다. 우리는 어른이 되면서 산타클로스의 존재를 더 이상 믿지 않지만, 그 믿음이 사라진 자리에는 정당, 사회적 소속감, 이데올로기, 쇼핑과 같은 또 다른 것들이 들어선다. 우리는 어릴 적에 받았던 크리스마스 선물이 산타클로스의 고향 라플란드에서 온 것이 아니라 동네 길모퉁이 상점에서 온 것이라는 사실을 깨달으면서 무미건조하고 지루한 현실로 내몰린다. 아무런 보상도 준비도 없이 현실에 눈을 뜬 우리는 다시는 그 시절로 돌아가지 못한다. 그리고 성인이 된 우리는 이제는 사라져버린 예전의 그 위로를 종교에서 찾으려 한다.

우리에게는 위로받고자 하는 욕구만 있는 것이 아니다. 남들처럼 살고자 하는 욕구도 있다. 우리의 생각과 달리, 별난 사람들과 소수자들도 하나같이 기준에 순응하며 살아간다. 우리는 언제나 어떤 집단에 속해 있고 그 집단의 생활방식, 즉 말하고 먹고 생각하는 방식에 얼마쯤 의식적으로 동화된다.

가톨릭 보수든, 진보 좌파든, 지식인층이든, 노동자층이든, 우리는 같음과 다름을 동시에 드러낸다. 백인, 흑인, 여성, 남성 등의 차이는 남들에게 인정받고자 하는 '가치관'을 통해 드러난다. 우리가 남들과 같으면서도 다르다는 것을 드러내는 이 가치관은 '남자는 여자보다 현실적이다', '여자는 남자보다 섬세하고 직관적이다', '라디오에서 나온 말이니 사실일 것이다'와 같이 현실을 은폐하고 사회적·문화적 구조에서 비롯된 그릇된 인식을 '당연한 것'으로 여기게 한다. 그래서 마르크스는 이렇게 주장했다. "사람들은 늘 자신에 대해, 자신이 누구이고 어떤 사람이 되어야 하는지에 대해 그릇된 생각을 가지고 있다. 그들은 자신이 알고 있었던 신 또는 평범한 사람의 모습을 따라가려 한다. 그들의 뇌가 생각해낸 것은 결국 그들을 지배한다. (중략) 그들의 가치를 왜곡하는 멍에에 속박된 그들을 망상과 관념에서, 도그마와 상상 속의 존재에서 해방시켜야 한다. 이런 관념의 지배에 맞서 반란을 일으켜야 한다."[31]

사회적 소속은 우리에게 남들처럼, 혹은 우리가 속해 있는 집단의 사람들처럼 행동하기를 요구한다. "이미 결정된 삶의 조건을 인정하고, 이미 예정된 자신의 계급과 자신의 위치, 그리고 자신이 올라갈 수 있는 한계를 받아들인"[32] 사람들은 사회적 소속에 순응한다. 우리가 진리라 여기는 것은 그저 우리가 세상을 바라보는 (사회적) 관점의 산물일 뿐이다. 이데올로기는 우리보다 앞서 우리를 위해 말한다. 우리는 이를 그저 따라갈 뿐이다.

우리는 이데올로기의 부산물이자 틀에 박힌 사고방식의 메아리다. 그러므로 이데올로기는 정신적 원인이 육체적 현상에 영향을 미치는 질병이라 할 수 있다. 이 질병에 걸린 우리는 행동, 취향, 언어, 심지어 스스로를 바라보는 시선까지도 가치관의 영향을 받는다. 우리는 대개 자신도 모르는 사이에 이 사회적 기준을 체화하고, 우리가 동일시하는 타인들의 모습이 바로 자기 자신의 모습이라고 생각한다. 그렇게 우리는 팜므 파탈이 되었다가 완벽한 엄마가 되기도 하고, 권력자가 되었다가 열정적인 활동가가 되기도 한다.

현실과 이상

우리는 상상력과 신화, 상징을 통해 현실을 더 잘 이해하고 받아들이려 한다. 상상력은 불확실한 현실을 보다 담대하게 살아갈 수 있도록 도와준다. 그러나 상상력이 굳어져 이데올로기가 되면, 그것은 창조, 죽음, 운명 등에 대해 더 이상 중요한 질문은 던지지 않고 정해놓은 답만을 우리에게 제시한다. 이데올로기는 깊이 있는 사유보다 피상적인 슬로건과 진부한 말들로 단순한 주장만 내놓는다. 그러나 이렇게 변질된 이데올로기의 근저에는 대자연, 황금기, 엘도라도처럼 이미 사라졌거나 아직 오지 않은 낙원에 대한 믿음이 있다.

이상은 너무나 멀고 최고가 되는 길은 너무나 험난하며 어떤 일에든 실망이 뒤따른다는 사실을 우리는 잘 알고 있다. 그렇기에 우리는 위로를 받고 싶어 하고, 악인은 벌을 받고 의인은 상을 받는다는 인과응보의 원리를 믿고 싶어 한다. 그런 유토피아를 상상할 수 없다면 현실을 버틸 수 없을 것만 같아서다. 그래서 일상의 현실에서 벗어나 새로운 세상을 꿈꾸고 신화와 이야기를 통해 영감을 얻고 상상력을 회복할 때, 우리는 더 나은 삶을 살 수 있으리라는 기대를 갖게 된다.

나에게 이야기를 들려주기

우리가 현실 세계와 맺는 관계는 결코 직접적이지도, 평온하지도, 안정적이지도 않다. 독일 철학자 한스 블루멘베르크는 "인간이 현실 세계와 맺는 관계는 간접적이고 복잡하고 불확실하고 선택적이며, 그렇기 때문에 무엇보다도 은유적"이라고 말했다.[33]

우리는 이야기와 신화를 통해 세상을 마주한다. 은유는 각박한 세상에 숨통을 틔워주면서 이 세상을 보다 원만하고 살기 좋으며 상식적인 곳으로 만드는 데 일조한다. 이 세상에서의 모든 확신은 이야기를 풀어낼 수 있게 해주는 이름들에서 시작된다. 확실한 것도 숨을 곳도 없는 이 세상에 내던져졌다는 생각에서 비롯된 두려움을 가라앉히기 위해 우리는 우리 자신에게 이야기를 들려줄 필요가 있다. "이야기들이 구연되는 것은 무언가를 흘려보내기 위함이다. 그것은 가장 사소하지만, 그럼에도 가장 중요하게는 시간을, 보다 심각하게는 두려움을 떨쳐버리려는 행위다."[34]

종교, 철학, 문화는 모두 일종의 신화와 이야기이며, 현실 세계에 존재하면서 현실에 대한 두려움을 억누르기 위해 만들어진 일종의 '구호 프로그램'이다. 그래서 블루멘베르크는 이렇게 말했다. "인간이 살아가는 것은 거저 이루어지는 일이 아니며 당연한 일도 아니다. (중략) 그래서 나는 소위 '자연적'이라는 것을 파괴하고 '인위적'인 것을 '삶'의 근본적 활동으로 간주하는 것 외에 다른 길은 없다고 생각한다."[35] 삶을 살아가기 위해서는 온갖 인공 낙원과 상상력이 필요하다는 것이다.

오늘날 현실에서 벗어나게 해주고 위안을 주는 것은 문화보다는 여행일 것이다. 이 세상을 여행하면서 우리는 현실 세계의 두려움을 떨쳐낼 수 있다. 여행을 하는 동안 우리는 어디서든 편하게 지낸다. 현실은 더 이상 냉혹하거나 불합리하지 않다. 여행지에서 우리는 어디서나 환대를 받고 다른 세상에 와 있는 듯한 착각에 빠지며 위안을 얻는다. 그렇지만 여행자로서 조심해야 할 것이 있다. 앞서 본 것처럼, 여행에서 마주하는 미지의 것들을 우리가 알고 있는 익숙한 것들과 끊임없이 비교하면서 자신의 고정관념에서 벗어나지 않으려 한다면, 여행 역시 위로가 되지 못할 것이다.

후회와
자책에 대하여

○

후회에서 비롯되는 고통은 견디기가 매우 힘들다. 그런 고통은 나 자신과 삶 사이에 간극을 만들고, 그 간극은 어떤 것으로도 메워지지 않는다. 이미 벌어진 일은 되돌릴 수 없고, 벌어지지 않은 일은 새로 벌어지게 할 수 없어서다. 삶은 반복하고 만회할 기회를 주지 않는다. 기껏해야 우리가 할 수 있는 일은 성찰할 시간을 갖는 것뿐이다. 모든 일은 불시에 벌어지고 한 번 벌어진 일은 돌이킬 수 없다. 이는 운명에 의해 아무런 준비도 없이 그 자리에서 즉흥 연주를 벌이는 것과 같다.

하지 않은 일에 대한 후회도, 이미 저지른 일에 대한 자책도 시간의 비가역성이라는 난관에 봉착할 수밖에 없다. 모든 행위는 되돌릴 수 없고, 되돌릴 수 없는 것은 영원과 맞닿아 있다. 그러므로 지금 엎질러진 물은 결코 영원히 주워 담을 수 없다.

물론 이미 저질러진 일에 변명할 수는 있겠지만, 끝내 속으로 삼킨 말이나 입을 다무는 편이 나았을 내뱉어진 말은 무엇으로도 지울 수 없다. 후회를 끝낼 수 있는 유일한 방법은 용서뿐이다. 그렇지만 우리는 스스로를 용서할 수 있을까? 우리의 잘못을 어떻게 용서받을 수 있을까? 또한 어떻게 하면 나라는 존재와 내가 한 일을 후회하지 않을 수 있을까?

철학의 진단

2년 전에 그 일을 맡았어야 했는데, 어제 그 사람에게 그런 말을 하지 말았어야 했는데, 승낙했어야 했는데, 거절했어야 했는데…. 우리가 제대로 말하지 못한 그 모든 '예'와 '아니요', 우리를 좀먹고 죄책감에 빠지게 하는 그 모든 '했어야 했는데…' 때문에 우리는 고통과 괴로움에 빠진다. 후회한다는 것은 자신의 삶에서 벗어나 아무런 풍경도 출구도 없는 막다른 골목에 갇혀 있는 것이나 다름없다. 이런 허무함, 잘못, 실수가 쌓이다 보면 무기력함이 찾아온다. 그래서 마음은 한없이 가라앉고 몸에는 아무런 힘이 들어가지 않는다. 나는 나 자신을 잃어버렸고 다시는 되찾지 못할 것만 같다. 후회하는 것은 극도의 불행을 감당하는 일이다. 우리는 바꿀 수 없고 돌이킬 수 없는 것, 즉 모든 것을 바꾸어놓았지만 이제는 되돌릴 수 없는 사건에 직면해야 한다.

후회에 빠지면, 내가 하는 일이 옳고 내 삶의 주인은 나이며 나의 행동을 스스로 통제할 수 있다는 순진한 확신을 잃게 된다. 이제 자신의 삶에서 추방된 우리는 "살아서 움직이고 꿈틀거리며, 시체를 파먹는 구더기처럼 우리를 좀먹는 오래된 긴 후회"[36]를 잠재우지 못한 채 오랜 좌절의 시간을 견뎌야 한다. 우리 대부분은 어떤 일이 벌어지면 자신을 탓하기보다 대개 타인, 삶, 사회, 이 세상 또는 특정한 누군가를 비난하려 한다. 그들이 우리에게 마땅히 해주었어야 할 것을 해주지 않았다면서 탓하는 것이다. 그리고 이런 원망은 결국 증오와 질시로 번진다.

후회를 위한 치료법

후회('다시는 그러지 말아야지')와 자책('그러면 안 되는 거였는데')의 세계로 들어가면 희망이 보이지 않는다. 그곳에서 모든 행위는 운명적이고 절대적이며 돌이킬 수 없다. 출입문도 창문도 없는 좁은 복도에 갇혀 있는 것처럼, 성취와 실패의 가능성 외에 다른 가능성은 없는 삶에 갇혀버리는 것이다. 실수를 저지르거나 기회를 놓친 뒤에 우리에게 남는 것은 오로지 현재뿐이다. 우리는 이미 지나간 일을 만회할 수 없고, 새롭게 다시 시작할 수도 없기에 더 이상 아무것도 기대할 수 없다. 절망에서 비롯되는 이런 슬픔은 미래를 인질로 잡고, 현재에서 우리를 추방하고, 과거를 박제하므로 가장 고통스러운 슬픔이다.

그럼에도 우리는 이렇게 굳어져 변하지 않는 삶에 다시 희망이라는 동력을 불어넣어야 한다. 이는 꿈을 꾸고 무언가를 동경하라는 말이 아니라 행동해야 한다는 말이다. 희망은 행동에서 시작되기 때문이다. 희망은 터무니없는 소망도, 무언가를 이루겠다는 결심도 아니다. 희망을 품는 일이란 아주 사소할지라도 행동하는 것이며, 이는 곧 돌이킬 수 없는 것을 지워버리고 되돌릴 수 없는 것을 잊어버리는 일이다. 희망은 새로운 것을 창조하고 또 다른 길을 열어준다. 돌이킬 수 없는 일에 대한 후회, 다시 그때로 돌아갈 수 없다는 슬픔, 하지 말았어야 했던 일의 상처에 빠져 무기력해지는 것을 막을 방법은 오직 행동하는 것뿐이다.

몰두하며 온전해지기

몽테뉴는 말했다. "나는 춤을 출 때 춤만 추고, 잠을 잘 때 잠만 잔다. (중략) 삶을 만끽하는 나만의 지혜가 있다. 나는 남들보다 삶을 두 배로 만끽한다. 즐거움의 크기는 우리가 그것에 얼마나 몰두하는가에 따라 달라지기 때문이다." 이는 단순히 현재를 마음껏 즐기고 거기에 온전히 몰입해 그 순간의 행복을 즐기라는 말이 아니다. 오히려 몽테뉴는 우리가 경험하는 것을 인식함으로써 그 경험을 배가시키고 그것을 예민하게 들여다 볼 줄 알아야 한다면서 이렇게 언급했다. "나는 [내가 경험하는] 만족에 대해 사색하고, 대충 훑어보는 것이 아니라 깊숙이 파고든다." 그렇게 단순한 경험은 행동으로 변한다. 심지어 잠을 자는 동안에도 자신이 경험하는 것을 인식하고 능동적인 상태를 유지할 수 있어야 한다.

의지를 가지고 행동할 때, 덧없이 흘러가 되돌릴 수 없는 삶의 시간은 크게 변화한다. 삶에서 경험하는 것들을 단순히 받아들이는 것이 아니라 의지를 가지고 능동적으로 참여하고 선택할 때, 그 순간이 더욱 의미 있고 강렬하게 느껴지기 때문이다. 그래서 몽테뉴는 말했다. "나는 시간의 신속함을 나의 민첩함으로 낚아채고 싶다. 그리고 그것을 제대로 사용해 성급하게 흐르는 시간의 속도를 상쇄하고 싶다."

이는 곧 전문적인 업무를 수행하듯 열의와 역량을 발휘해 살아가야 함을 의미한다. 한가롭게 '카르페 디엠'을 외칠 것이 아니라 노동에 가까운 생활 태도를 견지해야 한다는 것이다. 이런 생활 태도는 예술이 아닌 수공업에 가까운 것으로, 겉으로 드러나는 것들에 신경 쓰지 않고 당장에 주어진 것들로 성실하게 무언가를 만들어낼 줄 아는 태도다. 그렇게 할 수만 있다면, 평범한 삶은 '위대하고 찬란한 걸작'이 된다. 그런 의미에서 잠자는 것을 춤추는 것에 비해 하찮게 여겨서는 안 된다. 어떤 일에 뛰어들어 거기에 몰두할 때 비로소 온전한 내가 될 수 있다. 시간을 내 편으로 만드는 데 있어 유일한 장애물은 피로와 질병뿐이다.

따라서 후회와 자책에서 벗어나려면 현명하게, 그리고 노력을 통해 참되게 살아야 한다. 참된 삶의 비결은 늘 자신을 가까이 들여다보고, 어떤 일이든 능동적으로 경험하며 어쩔 수 없이 수동적으로 감내하지 않는 것이다. 후회하고 싶지 않고 억지로 참고 싶지 않다면 행동해야 한다. 원하는 것을 하지 말고 지금 하고 있는 것을 원해야 한다. 그렇게 "사람으로서 올바르게 사는 것만큼, (중략) 그리고 이 삶을 참되고 자연스럽게 살 줄 아는 것만큼 아름답고 정당한 것은 없다".[37]

우울과
권태에 대하여

○

겉으로 보기에 달라진 것은 아무것도 없다. 나는 여전히 나로서 존재하는 듯하고, 두 팔과 두 다리가 있으며, 허리 통증도, 내가 쓰는 말도, 나의 기억도 여전히 똑같다. 그러나 실제로 같은 것은 아무것도 없다. 과거, 현재, 미래의 모든 것이 이사를 가기 위해 이제 막 비워진 텅 빈 방들 같다. 그리고 나는 떠나야 할지 남아 있어야 할지 혼란스러운 채로 그 네모난 텅 빈 방 한가운데에 서 있다. 사라져버린 것은 삶에 대한 의욕이 아니다. 우리는 월요일 아침이 올 때마다, 또 하루에도 몇 번씩 삶의 의욕을 잃어버리지 않는가. 사라져버린 것은 습관과 즐거움과 취향과 인식이 뒤섞인, 우리 일상을 이루는 대수롭지 않은 것들, 그 소소한 것들에 대한 관심이다. 우유 거품을 넣은 뜨거운 차 한 잔, 위층에 사는 이웃이 한껏 크게 틀어놓은 라디오 뉴스, 상쾌하고 청명한 아침 공기, 저녁 식사 모임, 창가 위로 둥실 떠오른 환한 달…. 우울과 함께 사라지는 것은 바로 이런 소소한 일상이다.

철학의 진단

우리는 갑작스레 삶의 의미, 산다는 것과 존재한다는 것의 의미를 마주한다. 철학자들이 그토록 깊이 파고들었던 존재의 의미에 맞닥뜨리는 것이다. 그런데 그때부터 그 존재는 성격도 직업도 취향도 특성도 없이 거의 관념적으로만 '존재'한다. 그 존재 앞에는 더없이 잔잔한 삶과 물결 하나 일지 않는 막막한 현재만이 끝없이 펼쳐져 있다. 우울증은 현재와 관련된 질병이다. 그 현재는 잔잔하고 단조롭게 펼쳐진 잔물결 하나 일지 않는 호수와 같다. 이런 깊은 슬픔은 갑작스러운 발작 같은 것이 아니라 어떤 상태가 끈질기게 지속되는 것이다. 그것은 또한 부족함이 아닌 과다함이다. 모든 것이 과다하다.

시간, 현재, 주어진 조건, 심지어 삶까지도. 그러나 아무것도 흥미롭지 않다. 모든 것이 평평하고 밋밋하며 아무런 움직임도 변화도 없다.

우울증을 가장 잔인한 정념 중 하나로 여겼던 스토아 철학자 세네카는 우울증이란 "어떤 것에도 안착하지 못하는 영혼의 소용돌이"라고 말했다.[38] 우울증은 삶의 활력뿐만 아니라 호기심까지 앗아가버린다. 그래서 어떤 것에도 흥미나 호기심을 느끼지 못한다. 모든 소소한 것이 삶에서 사라져버린다. 보들레르는 우울에 대해 이렇게 썼다. "눈이 내리는 계절에 묵직한 눈송이들이 날리고, 음울한 무심함의 열매인 권태가 영원히 사라지지 않을 만큼 커질 때, 절름거리며 질질 끌고 가는 나날들보다 길게 느껴지는 것은 없다." 다른 이들이 움직이고 있을 때 외따로 떨어져 꼼짝하지 않는 이들은 "세상 사람들에게 잊혀지고, 지도에서도 지워져"[39] 거처도 계절도 없이 결코 끝나지 않을 영원과 같은 광활하고 텅 빈 현재라는 형벌에 처해 있다.

수도자의 치료법

'아케디아', 즉 나태는 수도원에서 영성 수련을 하는 수도자들이 겪었던 어려움이다. 4세기 기독교 이론가이자 은수자였던 폰투스의 에바그리오스는 우울증의 원형이라 할 수 있는 이 무력감과 환멸의 질병을 규정하기 위해 아케디아라는 신조어를 만들어냈다. 이 무력감은 '한낮의 악마'라고도 불렸는데, 시간이 끝없이 늘어지는 듯하고, 어떤 것도 그 느리고 단조로운 흐름을 방해하지 못하는 그 시간에 수도자들이 무력감에서 헤어 나오지 못했기 때문이다.

그늘도 그림자도 남기지 않는 한낮의 태양 아래에서 어떤 풍경도 아름답게 느껴지지 않는다. 에바그리오스는 아케디아라는 악마는 무력감과 우울을 동시에 지닌 "모든 악마 중 가장 떨쳐내기 힘든 악마"라고 정의하며 이렇게 말했다. "그 악마는 오전 열 시쯤 수도자를 공격하고 오후 두 시까지 그의 영혼을 포위한다. (중략) 악마는 다른 형제가 방문하기를 바라면서 사방으로 눈을 돌리도록 수도자를 부추긴다. 악마는 수도자가 있는 장소, 그의 생활 방식, 손수 노동하는 것까지 환멸을 느끼게 한다. 또한 형제들 간에 더 이상 사랑은 없으며 누구에게도 의지할 수 없다고 속삭인다."[40]

4세기의 또 다른 수도자 성 닐루스는 이런 우울감은 "박탈감과 절대적인 공허"를 한꺼번에 불러일으킨다고 말했다.[41] 이는 무언가를 무척 간절하게 원하면서도 그것이 무엇인지를 모르는 상태다. 머릿속에 많은 생각이 복잡하게 얽혀 있지만, 그 생각들은 행동이나 명확한 관념으로 이어지지 않고 제자리를 맴돌 뿐이다.

이런 무력감을 치료하기 위해 9세기 프랑스 부르주의 주교 성 로돌프는 극단적인 방법을 선택했다. 그는 자신의 팔을 끈으로 묶어 천장에 고정시킨 채로 시편을 암송하면서 무력감과 싸우려 했다. 이는 무력감을 느낄 때 성경을 소리 내어 읽거나 성경 구절을 묵상하면서 권태와 공허를 물리치는 일종의 기술로 널리 권장되었다. 한편 에바그리오스는 무력감에 빠져 있을 때는 어떤 평가와 판단도 신뢰해서는 안 된다고 강조했다. 16세기 스페인 신학자 이냐시오 데 로욜라 역시 "우울감에 빠져 있을 때는 어떤 변화도 시도하지 말고, 이전에 내렸던 결정을 확고하고 꾸준하게 밀고 나가야 한다"고 역설했다. 그러므로 무력감에 빠졌을 때는 "기분이 시키는 대로 하지 말고, 그 기분과 정반대로" 하는 편이 더 도움이 된다.

누가 뭐라고 해도 권태나 우울에 가장 효과적인 치료제는 육체노동이다. 14세기 수도사들의 도덕 지침서에 따르면, 아케디아를 몰아낼 수 있는 것은 "쟁기질, 파종, 수확, 맥주 양조, 요리, 옷 재단과 바느질, 집짓기" 같은 "성스러운 노동"이다.

권태를 몰아내는 데 육체노동이 권장되는 이유는 무엇일까? 다른 노동은 신경을 곤두서게 하고, 집중할 만한 명확한 대상이 없어 공연히 정신을 피로하게 하지만, 시작과 끝이 명확한 육체노동은 권태에서 오는 공허감과 무력감에서 오는 우울감에서 해소시켜줄 수 있다. 일을 한다는 행위는 '존재'로부터, 정확히 말해 아무런 흥미도 의미도 없어 보이는 고통스러운 존재에서 우리를 잠시나마 벗어나게 해준다. 정서적 안정감을 느끼며 삶을 지탱해 나가고, 삶을 지루하고 공허하게 만드는 고통스러운 우울에서 빠져나오고 싶다면, 육체노동에 집중해보는 건 어떨까?

첫눈에 빠지는
사랑에 대하여

○

아무런 이유도 없이 말 한마디 주고받지 않고 우리는 순식간에 미친 듯이 사랑에 빠진다. 첫눈에 반하는 사랑을 어떻게 설명할 수 있을까? 그것은 딱히 이유가 없는 욕망의 들끓음일까? 짧디짧은 순간에 한 사람의 모든 것을 알게 된 것만 같고, 전부터 그를 알고 있었고 기다려온 것만 같은 기분이다. 도무지 알 수 없는 이 끌림은 대체 무엇일까?

철학의 진단

데카르트는 이성에 대한 자신의 성향을 문득 깨닫고 첫

눈에 반하는 사랑의 메커니즘을 밝혀냈다. 그는 유구한 고전 철학이 기대하는 바와 달리, 첫눈에 사랑에 빠지는 현상은 그가 지속적으로 주장해온 것처럼 정신과 육체가 강력한 연결 고리로 묶여 있다는 사실을 방증한다고 주장했다. 그는 '코기토'란 육체와 관계없는 순수한 정신이 아니라, 첫눈에 사랑에 빠질 수 있는 육체와 연결된 정신이라고 강조하면서 이렇게 말했다. "유년 시절, 나는 약간 사시가 있는 한 또래 소녀를 좋아했다. 나는 소녀를 사랑했기에 사시는 문제가 아니었다. 사랑의 열정이 소녀의 신체적 결점을 압도했기 때문이다. 그 후로 오랫동안 나는 사시인 사람들에게 더 강한 호감을 느끼곤 했다. 그렇지만 그것이 내 유년 시절의 경험 때문이라는 것은 깨닫지 못했다."

특정 유형의 이성에게 끌리는 이유는, 비록 또렷하게 기억하진 못하지만, 어린 시절에 이미 그런 유형의 이성에게 반했던 경험이 있기 때문이다. 그래서 특정한 신체적 특징(데카르트의 경우 사시)이 사랑의 감정과 결합되면, 이후에 같은 특징을 가진 사람을 볼 때 파블로프의 개처럼 거부할 수 없는 욕망에 사로잡힌다. 그러므로 첫눈에 반하는 사랑은 우연이 아닌 재회라 할 수 있다. 즉 그를 보고 사랑에 빠진 이유는 이미 오래전부터 그를 사랑해왔기 때문이다. 첫눈에 반하는 사랑은 영혼에 전달된 육체의 기억이다. 그래서 데카르트는 이렇게 말했다. "분명 우리를 사랑에 빠지게 하는 것은 대개 결점보다 장점이지만, 우리는 때로 상대의 결점 때문에 사랑에 빠질 수도 있다. (중략) 그러므로 현명한 사람이라면, 호감을 느끼는 상대의 장점을 파악하기 전까지 사랑의 열정에 너무 깊이 빠져들어서는 안 된다."[42]

사랑을 느낄 때 냉정해지기

첫눈에 반하는 사랑과 격정을 치유하는 방법은 냉정함을 잃지 않는 것이다. 실상 사랑에 빠지게 하는 것은 상대의 결점이다. 그러므로 경계심을 늦춰서는 안 되며 사랑에 빠진 상대와 거리를 두고 그를 냉정하게 바라봐야 한다. 열병이 가라앉고 피 끓는 감정이 진정될 때까지 기다릴 필요가 있다. 무엇보다 열정은 과장된다는 사실을 항상 염두에 두어야 한다. "열정은 영혼을 속이고, 그와 사랑에 빠지는 이유는 실제보다 훨씬 크게, 그와 멀어지는 이유는 실제보다 훨씬 작게 보이게 한다."[43] 그러므로 첫눈에 반하는 사랑의 유일한 치료법은 열정이 가라앉기를 기다리는 것이다. 모든 열정은 결국 지나가게 마련이다. 그리고 그제야 비로소 첫눈에 반한 그 사람을 보다 또렷한 눈으로 바라볼 수 있다.

사랑의 열정을 정면으로 거부하지 말고, 누군가에 대한 끌림을 합리적으로 따지려 하지도 말자. 그저 인내심을 가지고 정신과 육체의 뜨거운 열기가 정상 온도로 내려갈 때까지 기다리자. 온전한 삶은 뜨거운 격정의 이야기들이 결국 종착역에 다다를 때, 즉 뜨겁지도 차갑지도 않은 중간 지대에서만 가능하다.

《잃어버린 시간을 찾아서》에 등장하는 스완이 데카르트의 조언을 따랐더라면, 이상형도 아닌 여인에게 첫눈에 반해 그 여인을 사랑하는 데 인생의 가장 찬란한 시기를 허비하여 한탄하는 일은 없었을 것이다. "내 마음에 들지도 않고 내 이상형도 아닌 여자 때문에 허송세월을 보내고 죽을 생각까지 하면서 그토록 애타는 사랑을 했다니!"[44] 사랑의 열정에 관해서만큼은 데카르트가 프루스트보다 현명했던 것 같다.

질투와
시기심에 대하여

○

언제나 남의 떡이 더 커 보인다. 이런 현상은 사춘기 때부터, 아니 어쩌면 그 이전부터 시작된다. 나의 생머리보다 친구의 곱슬머리가 더 예뻐 보이고, 나는 싸구려 책가방을 들고 다니지만, 친구는 비싼 브랜드의 가방을 들고 다닌다. 그리고 나중에 그 친구는 가장 세련된 옷차림을 하고, 학창 시절 반에서 가장 잘생겼던 남자애와 결혼을 한다. 나는 비키니를 입은 늘씬한 몸매의 그 친구를 해변에서 마주친다. 저녁 식사 자리 또는 티타임 자리에 함께한 그 친구의 아이들은 차분하고 얌전하며, 친구의 남편이 된 남자애는 여전히 잘생겼다.

시기심은 평등의 원칙이 깨졌다고 생각될 때 발동된다. 내가 그토록 갈망했으나 내게 주어지지 않던 삶을 내 친구가 살아가고 있다. 왜 내가 아닌 저 친구일까? 저 친구처럼 살 수 있는 권리가 내게는 없는 걸까? 권리의 평등이라는 원칙 위에서 일어나는 불평등을 겪을 때, 우리는 부당하다고 생각한다. 요컨대 우리는 자신의 권리가 부당하게 침해당했다고 느낄 때 타인을 시기한다.

질투는 불평등이 아닌 독점욕에서 비롯되는 질병이다. 우리는 상대방의 과거, 현재, 미래, 삶, 말하자면 그의 전부가 되고 싶어 한다. 그러나 이것은 상대방에게 욕망도, 의견도, 나 아닌 다른 사람과의 관계도 없을 때나 가능한 일이다. 그가 알고 있는 모든 것이 질투를 불러일으킨다. 그것은 그가 자기 혼자만을 위해 간직하고 있는 것이기 때문이다. 그래서 나는 그의 친구, 그의 기쁨, 그의 생각, 그의 꿈, 그의 온 존재를 질투한다.

타인의 불행이나 고통을 보면서 기쁨을 느끼는 감정을 독일어로 '샤덴프로이데(Schadenfreude)'라고 부른다. 이 감정은 타인의 고통을 보면서 만족감을 느끼는 악의에 찬 동경심이자 뒤틀린 연민이다. 우상처럼 찬양받는 사람들을 볼 때, 그들을 증오하면서 그들이 처참하게 몰락하는 모습을 보고 싶어하는 사악한 마음은 누구에게나 있다.

프로이트의 승화 치료법

시기심에서 비롯된 고통으로부터 벗어날 수 있는 방법으로 프로이트는 자아로 본능을 억누르는 '억압' 또는 '승화'라는 치료법을 제시했다. 의식이라는 개념은 사실 우리의 무의식적인 충동과 생각들을 억누르고 통제하려는 억압에 가깝다고 할 수 있다. 원치 않는 마음속 충동과 거기서 파생되는 정서나 욕망을 통제하는 '자아'를 프로이트는 억압된 존재라 했다.

자아는 겉으로 드러나는 동시에 숨겨진 부분이며 우리의 모습 중 유일하게 밖으로 내보일 만한 존재다. 이에 대해 프로이트는 이렇게 설명했다. "인간은 사랑을 필요로 하고, 공격받아야만 그제야 방어를 하는 온순한 존재가 아니다. 인간은 자신의 본능 중 가장 큰 부분을 차지하는 공격성을 언제든 드러낼 수 있다. 그래서 이웃은 조력자나 성적 대상이 될 수 있을 뿐만 아니라 나의 공격성을 충족시키고, 보상 없이 노동력을 착취하고, 합의 없이 성적으로 이용하고, 재산을 빼앗고, 모욕하고, 고통스럽게 하고, 학대하고, 죽이고 싶어 하는 욕망의 대상이 될 수 있다. 실로 '인간은 인간에게 늑대'다."[45]

우리는 성적 충동 '에로스'와 공격적 충동 '타나토스'와 같은 파괴적 충동을 사회생활을 하면서 기꺼이 포기하거나 억제하여 보다 이타적이고 '교묘한' 관계로 변환시키고 승화시킨다. 사회생활은 우리의 한 부분을 구성하고 있는 공격성을 억제하려는 노력이라 할 수 있다. 그렇게 우리의 '본성'은 타인을 용인할 수 있도록 훈련되고 연마된다. 따라서 타인과의 관계를 끊임없이 위협하는 시기심이나 샤덴프로이데를 억제하기 위해서는 연습이 필요하다. 파괴적인 욕망을 드러내는 대신, 그 에너지를 철학책 필사나 독서 모임, 등산과 같이 사회에서 용인되는 평화적인 활동에 쏟아내는 것이다.

독일 사회학자 노베르트 엘리아스는 우리가 해방이라 여기는 행동 역시 우리의 충동을 억제하는 또 다른 방식이라고 주장하면서 이렇게 말했다. "해수욕장에서 우리가 매너를 지키는 것(수영복 입기), 즉 예전과 비교해 자신에게 더 큰 자유를 허락하는 것은 욕망의 억제가 당연시되는 사회, 남성과 여성이 강한 자제력을 발휘하고 개인이 독단적인 행동을 삼가며 엄격한 예의범절이 지켜지는 사회가 되었기에 가능한 일이다. 그것이 바로 문명사회에서 용인되는 '정상적 행동'의 범주 안에서만 이루어지는 '제약의 완화'다."[46]

타인의 불행을 기뻐하는 마음, 즉 샤덴프로이데는 모든 쾌락의 밑바탕에 어느 정도의 잔혹성 또는 원시적 공격성이 내포되어 있다는 것을 보여준다. 그러므로 기쁨은 순수한 감정이 아니라 타인의 불행을 보면서 그를 몰래 염탐하고 시기하는 악의적 즐거움의 감정일지도 모른다. 감정의 세계는 평화와 사랑으로 이루어진 세계가 아니다. 그 세계의 하늘에는 불안의 그림자들이 떠다니며 거기에는 원망과 질투의 악취가 뒤섞여 있다.

과오, 죄,
양심의 가책에 대하여

○

우리 마음속에서는 양 진영이 대립하며 소리 없는 전쟁을 벌이고 있다. 이 전쟁은 대부분 별로 영광스럽지 않은 휴전을 맺는 것으로 끝나고 만다. 이렇듯 우리 내면의 삶은 선한 행위와 악한 행위 사이의 대립으로 하루라도 조용할 날이 없다. 그러면서 우리는 똑같은 말을 후렴구처럼 되풀이한다. "내가 그걸 해야 할까?" "내가 그걸 할 수 있을까?" "내가 뭘 해야 하는 거지?" 양심이란 결국 좋은 마음이거나 나쁜 마음, 둘 중 하나다. 또한 도덕은 지켜야 할 약속처럼 우리에게 강요되어 죄책감과 용기, 수치심과 의로움 사이에서 우리를 갈등하게 한다. 인간과 법 사이에는 일종의 계약이 체결되어 있어서 우리로서는 도덕이 요구하는 것에 무관심할 수 없다. 이런 윤리적 감수성은 우리를 착한 천사로 만들어주지는 않지만, 양심의 가책의 밑바탕에서 우리 안의 선한 마음이 시키는 대로 하지 않았다는 감정, 즉 양심의 의무를 저버렸다는 죄책감을 불러일으킨다. 이처럼 도덕은 무엇보다도 세상에서 선한 행동을 하는 사람이 되겠다는 약속을 지킬 것을 우리에게 요구한다.

철학의 진단

도덕적 행동은 새로운 시간을 창조하고 사사로운 이익과 이기심의 흐름을 끊어버린다. 도덕적 행동이 실현되고 지속되는 동안에는 일종의 구원이 이루어진다. 이 세상은 선함이 없는 이기적이고 부정적인 세상이 될 수 있었으나 도덕적 행동이 이 세상을 더 나은 곳으로 만든 것이다. 선한 행위는 제약을 가하고 의무를 지우면서 부담과 고통을 주지만, 우리가 할 수 있는 것이 무엇인지를 보여주기도 한다. 도덕적 의무는 우리의 정신을 고양시켜주고 우리에게 없다고 믿었던 힘을 부여해준다. 선한 마음은 고지식한 사람이 뽐내는 도덕적 우월감이 아니라, 자신의 사사로운 이익과 상관없이 행동할 수 있었다는 사실에서 느끼는 만족감이다. 한편 처벌의 두려움은 선한 양심을 택하게 하는 동기가 되기도 한다. 도덕은 우리 내면에서 재판관의 역할을 하기 때문이다. 이에 대해 칸트는 이렇게 주장했다. "모든 사람에게는 양심이 있으며, 내면의 재판관은 이를 지켜보고 위협하며 대개 (두려움을 통해) 그것을 따르게 한다. 그리고 내면에서 규칙을 감시하는 이 힘은 (자의적으로) 만들어진 것이 아니라 인간 존재에 내재되어 있는 것이다."

칸트의 이 주장에 선과 악에 대한 도덕적 판단은 문화적·사회적 정의에 따라 달라질 수도 있는 것 아니냐는 반론이 제기될 수도 있다. 그럼에도 불구하고 우리가 도덕적 행위를 해야 하는 중대한 순간은 자신과의 대결, 즉 자신과 자기 양심 간의 정면 대결이 이루어지는 순간이라는 사실은 변하지 않는다. 칸트는 이에 대해 다음과 같이 설명했다. "우리의 양심은 우리가 거기서 벗어났다고 생각할 때도 그림자처럼 우리를 따라다닌다. 우리는 쾌락이나 기분 전환을 통해 양심에서 잠시 벗어나거나 잊어버릴 수 있겠지만, 양심의 무시무시한 목소리가 들려올 때 우리는 어쩔 수 없이 제정신이 돌아오거나 각성하게 된다. 우리는 그 목소리를 무시하면서 극단적으로 비열한 행동을 할 수도 있지만, 그 목소리를 아예 듣지 않는 것은 절대로 불가능하다."[47]

자신의 이익을 생각하지 않고 행하는 모든 행위는 제약이면서 기쁨이다. 스스로에게 존경을 표하게 하는 선한 행위는 일종의 도덕적 나르시시즘이라고 할 수 있다. 말하자면 나 자신을 거울로 바라보면서, 양심을 지켰을 때 따라오는 기쁨을 느끼기 위해 선한 행위를 하는 것이다. 도덕적 행위를 할 때, 우리는 우리의 양심이라는 시선과 우리의 영혼이라는 거울(또는 카메라)에 비치는 자신을 상상하며 도덕이라는 무대나 장면에 서게 된다. 그래서 불의를 저지르는 것보다 불의를 감수하는 편이 더 낫다는 소크라테스의 말에 고개를 끄덕일 수밖에 없다. 자신의 양심을 속이느니 온 세상과 부딪치는 편이 차라리 낫지 않겠는가.[48]

문제는 우리가 양심과 쉽게 타협하고 만다는 것이다. "나는 몰랐어. 그렇지만… 그때 그 말을 했어야 했는데…" 우리는 이렇게 핑곗거리를 만들고 시간을 질질 끌면서("다음에 여건이 되면….") 죄책감을 피하고 도덕적 약속을 지켜야 한다는 의무감에서 벗어나려 한다. 심리학자들이 '인지 부조화'라 부르는 이 현상은 자신의 옳지 않은 행위를 합리화하려고 할 때 발현된다("나는 정직한 사람이지만…." "이건 내 뜻이 아니지만….").

우리는 타인의 이익보다 자신의 이익을, 이웃이나 낯선 사람의 이익보다 가까운 사람의 이익을 더 중시하는 경향이 있다. 또한 미래의 이익보다 현재의 이익에 더 쉽게 굴복한다. 우리는 선한 행위에 수반되는 제약과 희생을 거부하면서 도덕적 세상을 입맛에 맞게 재단한다. 그리고 최소한의 도덕적 노력을 한답시고 자기 자신에게 거짓말을 할 궁리를 한다.

일부러 악한 사람이 되고자 하는 사람은 없다. 우리는 그저 도덕적 해이나 자기 양심과의 자그마한 타협으로 악한 행위를 저지르게 된다. 악한 행위를 할 때는 자신의 모습이 타인과 자기 자신에게 보이지 않는 것처럼 행동한다. 마치 누구도 자신을 볼 수 없으니 자신의 행위를 평가하지 못할 거라는 듯 말이다. 따라서 악한 사람은 플라톤이 언급한 기게스의 신화를 자신만의 버전으로 실현하는 사람이라 할 수 있다. "리디아의 왕을 위해 일하는 평범한 목동이었던 기게스는 우연히 한 동굴에서 운명을 바꿀 반지를 손에 넣게 되고, 그 반지를 끼면 누구에게도 보이지 않는 투명인간이 된다는 사실을 깨닫는다. 그는 왕에게 양떼의 상태를 보고하는 역할을 자처했고, 왕궁에 도착해서는 반지를 이용해 왕비를 유혹하고 그녀와 내통하여 왕을 죽인 다음 권력을 찬탈했다."[49] 악인은 양심의 가책을 느끼지 않으며 자신을 투명인간이라 생각한다. 그래서 자신의 행위가 타인과 자기 자신의 시선에 의해 심판받지 않을 것처럼 행동한다. 그리고 그럴 때 전능한 존재가 된 것 같은 기분을 느낀다.

용서할 수 없는 것을 용서하기

우리는 양심이나 도덕의 법정에서 피고석에 앉을 때도 있지만, 재판관이 되어 타인의 행동을 판결하고 용서하지 못할 때도 있다. 용서는 양보를 전제로 하기에 결코 쉬운 일이 아니다. 용서라는 관대한 행위는 우리의 정신을 고양시키기도 하지만, 우리를 낮은 곳으로 데려가기도 한다. 나를 모욕한 사람을 용서한다는 것은 나보다 낮은 곳에 있는 그에게 다가가 그와 나란히 서기로 결심하는 것이기 때문이다. 반대로 누군가를 용서하지 않을 때, 우리는 그보다 우위에 있으며 쉽게 범접할 수 없는 사람이 된다. 그렇게 우리는 용서가 불가능한 저 높은 곳에 스스로를 가두어버린다.

그러나 저질러진 잘못이 용서할 만한 잘못이라면 굳이 용서를 할 필요가 없다. 그런 잘못은 한 번 눈감고 넘어가거나 이별로 끝내거나 그 일에 대해 더 이상 이야기하지 않으면 그뿐이다. 자크 데리다는 용서할 수 없는 것을 용서하는 것이 궁극적인 윤리로서의 용서라고 말했다. "그렇다. 용서할 수 없는 것이 있다. 그런데 사실 그것이야말로 유일하게 용서해야 하는 것이 아닐까? 유일하게 용서를 바라는 것이 아닐까? 만약 우리가 용서가 가능한 것처럼 보이는 것만을, 교회가 '소죄(小罪)'라고 부르는 것만을 용서할 수 있다면, 용서의 개념 자체는 사라지고 말 것이다."[50]

어떤 이들은 용서를 구하는 사람만을 용서할 수 있다고 말한다. 그러나 용서를 구하는 사람만을 용서한다면 그것은 이해관계를 따지는 일일 뿐이며, 잘해야 평화 협정을 맺는 것일 뿐 결코 진정한 용서가 아니다. 용서는 "절망적이고 치유될 수 없는 경우"[51]에 해야 하는 것이다. 용서는 치료제가 듣지 않는 고통의 치료제다.

그런데 용서가 이 정도로 극단적인 것이라면, 우리의 능력으로 가능한 일일까? 우리는 진정으로 누군가를 용서할 수 있을까? 타인의 잘못을 용서하고 지워버릴 수 있을까? 그건 아마도 신의 경지에 이르렀을 때만 가능한 일인지도 모른다.

도덕적 명령을 따르기

"그렇기는 하지만"이라고 속삭이는 인지 부조화 속 악한 행위와 도덕적 규범에 반하는 예외적 행위를 억제하려면, 도덕적 기준을 더 높게 설정하고 보다 엄격한 윤리적 요구를 따르면서 자기합리화의 성향을 자제해야 한다. 조금이라도 도덕적이 되려면 더욱 엄격한 도덕을 추구해야 하고 선과 악 사이에 또 다른 길을 선택할 수 있다는 생각 자체를 버려야 한다. 도덕이 명령하는 것은 절대적 명령이기 때문이다.

이것이 바로 칸트가 주장한 정언명령(定言命令)에 의한 치료법이다. 도덕적 명령은 변명을 허용하지 않고 정상 참작을 해주지 않으며 사정을 봐주지도 않는다. 반드시 해야 할 일은 해야 하고, 해야 할 의무가 있다면 해낼 수 있다. 선(善)이 내게 요구하는 것은 항상 내 능력의 범위 안에 있으며, 선에서 벗어나게 하는 모든 것은 단지 핑계와 거짓말일 뿐이다. 그런 의미에서 도덕은 "우리의 모든 기질을 억누르고, 오만한 자기애"를 무너뜨린다.[52] 그러나 동시에 도덕은 계산적이고 자신만을 생각하는 모습이 아닌, 자신의 사사로운 이익과 이기심을 초월하여 정신적 자유를 누리는 우리의 모습을 끄집어낸다. 악이 아닌 선을 선택할 자유가 없다면 도덕은 그저 제약에 불과하다. 또한 도덕이 없다면 우리는 자유의 힘과 그 힘이 미치는 범위, 그리고 그 영향력을 알지 못한 채로 살아갈 것이다.

선행은 자비심이나 사랑 또는 동정심으로 베푸는 것이 아니다. 이런 감정들은 너무나 불안정해서 우리의 기분에 따라 변할 수 있다. 따라서 선행은 감정적 태도가 아니라 선한 의지의 문제다. 자신의 이기심을 억누르면서 자신의 충동과 이익을 고려하지 않고 행동할 수 있는 능력이라 할 수 있다.

스스로에게 너무 쉽게 면죄부를 주지 않으려면 타인과 나 자신의 시선에 당당할 수 있어야 한다. 다시 말해, 우리를 행동하게 하는 동기가 당당하게 드러나야 하고 누구에게든 받아들여질 수 있어야 한다. 이것이 바로 칸트가 말한 '정언명령'이다. 그는 "자신이 원하는 규범에 따라 행동하되 그것이 동시에 보편적 법칙이 될 수 있게 하라"고 강조했다.

우리를 행동하게 하는 동기는 떳떳하게 밝힐 수 있는 것이어야 하고, 모두가 행동의 준칙으로 삼을 수 있을 만큼 보편적으로 통용될 수 있어야 한다. 거짓, 속임수, 시기심은 당당하게 드러낼 수 없고 모두가 따르는 법칙이 될 수도 없다. 그러므로 내면의 갈등이 일어난다면 칸트의 정언명령을 실천해보자. "내가 하는 행동을 다른 사람이 한다면, 나는 과연 그것을 용인할 수 있을까?"

실패, 낙오,
좌절에 대하여

○

　시련을 겪는 누군가를 위로할 때, 우리는 대개 실패 경험을 통해 인생을 배울 수 있다고 말한다. 실패가 우리를 성장시켜준다고 믿기 때문이다. 실패라는 것은 존재하지 않으며 그저 우리가 아직 깨닫지 못한 다른 모습의 성공이라고 말이다. 인생에서 중요한 것은 컵에 물이 반쯤 찼느냐, 반쯤 비었느냐가 아니라 오직 컵을 가지고 있다는 것에 감사할 줄 아는 것이다. 실패하든 성공하든 경험으로 얻을 수 있는 교훈은 본질적으로 우리에게 도움이 된다.

　또한 실패를 통해 전보다 성숙한 사람이 된다. 잃은 것은 아무것도 없으며 모든 것에는 의미가 있다. 실패마저도 말이다. 그러나 철학은 여기에 동의하지 않는다. 실망할 수도 있겠지만, 철학의 사명은 실패는 실패일 뿐이며, 실패는 성공의 어머니가 아니라는 사실을 깨닫게 하는 것일지도 모른다.

경험의 의미

우리는 모든 실패를 배움과 성장의 기회로 여기고 이상화하면서 경험에 지나치게 높은 가치를 부여한다. 경험은 새로운 사실을 깨닫게 해주기 때문에 선물이고, 부정적인 것을 긍정적인 것으로 바꾸는 힘을 지니고 있기 때문에 기적이라고 여기는 것이다. 경험은 우리와 현실 사이의 중개자로서 변압기 같은 역할을 한다. 또한 마치 자동차가 커브를 돌 때 조심스럽게 속도를 조절하고 방향을 바꾸듯, 우리가 현실을 더 잘 이해하고 대처할 수 있도록 돕는다. 다시 말해, 경험은 인생길의 여정에서 우리를 인도하며 북돋아주는 안내자다.

사람들은 종교, 심리상담, 등산 같은 것에 의지해 각자의 인생길을 걷는다. 저마다 멈추지 않고 부지런히 나아간다. 그러나 경험 지상주의나 경험의 이상화는 막다른 길, 막다른 골목을 지워버리고 모든 경험에는 신성한 목적이 있다는 듯 모든 실패를 절반의 성공으로 둔갑시킨다. 그러나 중요한 것은 경험이 아닌 오로지 자신의 길, 다시 말해 자신의 삶을 자유롭게 방랑하는 순례자로서 걸어가는 길이다.

경험의 힘을 믿지 않기

현실에서 경험을 통해 배우는 것은 단 하나뿐이다. 바로 더 멋있게 실패하는 법이다. 그래서 극작가 사무엘 베케트는 이렇게 말했다. "다시 시도하라. 또다시 실패해도 더 나은 실패가 될 테니." 그럼에도 우리는 경험에서 교훈을 얻을 수 있다는 생각을 쉽사리 버리지 못한다. 마치 그런 교훈이 없었다면 아무것도 알지 못했을 것이라는 듯. 그것은 "나는 생각한다, 고로 존재한다"가 아닌, "나는 존재한다, 고로 생각한다"는 논리를 따르는 삶이다.

영국 논리학자 버트런드 러셀은 경험론에 매몰된 '코기토'는 아둔한 칠면조와 다르지 않다고 지적했다. 농장에 칠면조들이 있다. 주인은 수요일이나 목요일, 덥든 춥든 아침 아홉 시에 칠면조들에게 먹이를 준다. 칠면조들은 경험을 통해 '아침 아홉 시에는 항상 먹이를 먹는다'는 사실을 체득한다. 그러나 크리스마스이브 날 아침 아홉 시, 칠면조들은 주인의 손에 잡혀 목이 비틀린다.

경험은 아무것도 가르쳐주지 않는다. 경험은 누적되지 않으며, 경험들이 쌓인다고 해서 절대적 진리가 되는 것도 아니다. 각각의 경험은 단 한 번만 할 수 있고 비교가 불가능하다. 즉 같은 경험을 두 번 할 수는 없기에 한 번의 경험으로 다른 경험을 대비하는 것은 불가능하다. 또한 경험은 부정적 확신만을 제공한다. 경험을 통해 우리는 진실 대신 우리가 오해하고 있었던 것들을 알게 된다(자신, 세상, 타인에 대해). 경험이 보여주는 것은 진리가 아닌 우리의 그릇된 생각이다. 경험은 우리의 예측과 반대되는 사실이나 상황을 보여준다. 경험의 힘은 가설이나 신념을 확신하는 데 있는 것이 아니라 그것에 오류가 있음을 드러내고 그것을 반박하는 데 있다.

실제로 우리는 이미 가진 관점과 믿음에 따라 경험을 해석하고 이해한다. 다시 말해, 우리가 확실하다고 믿고 있는 현실만을 파악한다. 하나의 사실은 우리가 앞서 그것에 의미가 있다고 결정했을 때만 의미를 가진다. 그러므로 경험은 결코 근본적인 것이 아니라, 대개 문제를 생각하고 바라보는 방식에서 비롯되는 부수적인 것이다.

우리는 우리가 보고자 하는 것만 본다. 우리를 만드는 것은 우리에게 일어나는 일이 아니라 일어난 일에 대한 우리의 판단이다. 경험은 아무것도 보여주지 않는다. 우리는 경험을 통해 우리가 취해야 한다고 판단한 것만 취한다. 칸트는 이렇게 말했다. "이성은 그가 스스로 생성한 것만을 식별한다." 이성은 자신의 판단과 원칙으로 무장한 채 앞장서서 "목줄에 묶인 것처럼 현실에 끌려가는" 대신 현실이 자신의 질문에 답하도록 강요한다. "선생님이 말하고자 하는 모든 것을 듣고만 있는 학생의 태도가 아니라, 증인에게 자신의 질문에 대답할 것을 종용하는 재판관의 태도를 가져야 경험을 통해 무엇이든 배우게 된다."[53]

경험과 실패를 통해 얻을 수 있는 소위 교훈이라는 것은 우리가 이전부터 알고자 했던 것, 그리고 우리가 이미 알고 있는 것에 불과하다. 크리스마스이브 저녁 식사 테이블에 올라가는 아둔한 칠면조가 되고 싶지 않다면, 이른바 경험의 힘을 더 이상 믿지 않는 것이 좋을 것이다.

어쩔 수 없는
일에 대하여

○

비극이나 희극, 행복이나 불행은 속도에 의해 결정된다. 실제로 빠른 '템포'로 흘러가는 사건들로 요약되는 삶은 희극에 가깝다. 이를테면 이런 식으로 이야기되는 것이다. "내가 지나가고 있는데, 어떤 차 한 대가 지나가는 거야. 그리고 우리는 독서 모임에서 만나게 됐지. 그 사람은 나를 사랑했지만 결국 날 배신했고, 그래서 나는 무척 슬펐어." 반대로 같은 사건이 천천히 아주 세세하게 이야기되면 그것은 진지한 비극이 된다.

그런데 삶의 템포가 웅장한 교향곡에 등장하는 트레몰

로(tremolo)나 루바토(rubato)인 경우는 드물다. 오히려 우리를 성가시게 하는 일들로 가득한 일상의 템포는 한여름에 우리를 괴롭히는 파리들의 윙윙 소리와 같은 트릴(trill)과 8분 음표로 이루어져 있다. 그런 사소한 문제들은 우리를 죽일 수는 없지만, 사는 내내 우리를 괴롭히고 짜증스럽게 한다.

돈, 가까운 사람들과의 관계, 직장 같은 문제보다 심각하지는 않지만, 살아가는 내내 일어나는 자잘하고 번잡스러운 문제들은 일상을 서서히 잠식하고, 정신을 어지럽히고, 속을 거북하게 하며, 삶을 위축시킨다. 그런 문제들은 우리의 자유를 해치고 방해하는, 들이마시기 싫어도 들이마실 수밖에 없는 오염된 공기와 같다.

욕망이란

우리는 일상에서, 아니 어쩌면 삶을 살아가는 동안 끝없이 불평불만을 토로한다. 그런데 우리가 불평하는 일들은 대개 우리가 어찌할 수 없는 일들이다. 예컨대 이웃이 내는 소음, 월요일 아침, 먹고살기 위해 어쩔 수 없이 하는 일, 자녀가 성장하고 부모가 늙어가는 것을 지켜보는 일, 다시는 오지 않을 놓쳐버린 기회 같은 것들을 불평하는 것은 수영장에 가서 몸이 물에 젖는다고 불평하는 것이나 마찬가지다. 그래서 스토아 철학자 에픽테토스는 이렇게 충고했다. "어떤 일이든 그 일을 할 때는 그게 무슨 일인지 분명히 기억하라. 그대가 목욕탕에 간다면 거기에는 물을 튀기는 사람들, 거칠게 떠미는 사람들, 욕하는 사람들, 물건을 훔치는 사람들이 있다는 사실을 기억해야 한다."[54] 달리 해결할 방법이 마땅치 않은 일에 대해 짜증을 내거나 그렇게 되지 않기를 바라는 것은 스스로를 피곤하게 할 뿐이다. 그럴 때는 그냥 "일이 이렇게 됐네"라고 인정해버리는 편이 자신에게 훨씬 이롭다. 공연히 상황을 바꾸려고 하기보다 무엇을 예상하고 받아들여야 하는지를 생각해보는 편이 더 낫다는 말이다.

모든 욕망은 어떤 의미에서 불가능에 대한 욕망, 바꿀 수 없는 것을 바꾸고자 하는 의지이기 때문에, 우리는 무엇보다도 우리가 가질 수 있는 것만을 욕망하는 법을 먼저 배워야 한다. 그게 아니라면, 다른 것들은 우리에게 아무런 소용이 없다는 것을 알아야 한다. 그래서 에픽테토스는 이렇게 말했다. "지금 그대의 욕망을 완전히 없애버려라. 그대가 손에

넣을 수 없는 것들을 욕망한다면, 그대는 절대로 행복해질 수 없으리니."⁵⁵

인내와 절제의 치료법

우리는 행복할 때도 이런저런 것이 더 있으면 좋겠고, 이런저런 것은 없었으면 좋겠다고 생각하며 또 다른 삶을 꿈꾼다. 그렇지만 평온하게 살아가려면 삶이 우리 앞에 차려놓은 음식을 제대로 먹는 법을 배울 필요가 있다. "우리의 삶이 연회에 참석한 것과 같다는 것을 기억해야 한다. 우리 앞에 이제 막 음식이 놓였다고 하자. 그러면 손을 뻗어 적당한 양을 덜어가면 된다. 우리 앞에 놓이지 않은 음식은 굳이 집으려 해서는 안 된다. 아직 우리 차례가 되지 않은 것이다. 오지 않은 음식에 욕심을 내지 말고 그것이 우리 앞에 가까이 올 때까지 기다릴 줄 알아야 한다. 자녀들과 아내에게 그렇게 할 수 있다면, 권력과 부에 대해 그렇게 할 수 있다면, 우리는 언젠가 신들과 축배를 들 수 있을 것이다." 이것이 바로 스토아철학의 대가 에픽테토스가 전하는 교훈이다. 우리는 우리가 할 수 있는 것을 원하는 연습을 해야 한다.

우리는 꼭두각시도 아니고 신도 아니다. 우리가 게임의 규칙을 정할 수는 없지만, 그 게임을 잘하고 못하고는 우리에게 달려 있다. 우리가 가질 수 없는 것은 좋은 것도 나쁜 것도 아닌, 그저 우리와 상관없는 것이다. 우리가 가질 수 없는 것은 흥미롭지도 않고 탐나지도 않는 별것 아닌 것으로 생각하는 법을 배워야 한다. 또한 일어날 일은 어떻게든 일어난다. 그러므로 우리는 우리가 원하는 일이 일어나기를 바라는 대신, 우리에게 일어난 일을 받아들이는 연습을 해야 한다.

우리는 우리 삶의 작가가 아니라 그저 배우일 뿐이다. 에픽테토스는 이렇게 말했다. "그대는 작가가 원하는 대로 쓴 연극의 배우임을 기억하라. 연극은 작가의 뜻에 따라 짧을 수도 있고 길 수도 있다. 작가가 그대에게 거지 역할을 바란다면 기꺼이 그 역할을 해내야 한다. 또한 절름발이나 법관, 그저 평범한 사람의 역할을 바랄 때도 마찬가지다." 우리의 능력은 주어진 역할을 해내는 것이다. "그대에게 주어진 역할을 잘 수행하는 것이 그대가 해야 할 일이다. 역할을 선택하는 것은 결코 그대의 일이 아니다."[56]

하지만 오직 가능한 것만 욕망하는 것이 과연 욕망일

까? 오히려 욕망에는 만족 이상의 것을 추구하게 하는 불안과 희망이 내포되어 있지 않을까? 그 때문에 현재에 만족하지 못하고 언제나 다른 무언가를 기대하는 것은 아닐까?

자아 성찰에
대하여

○

나는 누구인가? 우리는 대개 실패의 상황에서 자신에게 이런 질문을 던진다. 모든 일이 잘 풀릴 때 우리는 자신의 모습과 자신이 하고 있는 일에 만족하며 살아간다. 자신에게 질문을 던질 필요가 없이 나날들이 흘러간다. 그러나 기계처럼 착착 돌아가는 일상에 예기치 않은 사소한 사건, 돌발적 상황, 일탈이 발생하면 그제야 우리는 자신을 돌아본다. 그리고 자신에게 질문을 던진다. '나는 왜 이럴까?' '내가 왜 그랬지?' 우리는 그렇게 철학에서 가장 흔히 하는 일, 자아 성찰을 하게 된다. 이때 우리는 냉철하고, 가차 없이, 핑계를 대지 말고, 우리의 타고난 자기애를 미화시켜줄 뿐인 진부한 정신분석학적 개념에서 벗어나, 곤충학자가 곤충을 관찰하듯 자신을 들여다봐야 한다.

몽테뉴의 자기 관찰

우선 다른 사람을 그려내듯, 뻔뻔하고 수치스러울 정도로 현실에 최대한 가깝게 자신을 그려내야 한다. 어떤 것도 그냥 지나쳐서는 안 된다. 후미진 곳, 청소함, 다락방 같은 곳에 나의 진정한 모습과 더불어 내가 부정하고 싶은 모습이 존재하기 때문이다. 환한 불빛 아래에서 빠져나갈 구실을 만들지 말고 자신의 벌거벗은 모습을 직시해야 한다. 몽테뉴는《수상록》에서 이렇게 말했다. "나는 사람들이 여기서 꾸밈없이 솔직하고 자연스러운 보통 때의 내 모습을 봐주기를 바란다. 내가 여기서 그려 보이는 것이 바로 나이기 때문이다. 인간적인 존중이 내게 허락된다면, 내 결점이며 있는 그대로의 내 모습이 여기에서 여실히 읽힐 것이다. 내가 원시적인 자연의 법칙 아래 안온한 자유를 누리며 여전히 그렇게 살아간다는 사람들과 함께였다면, 장담컨대 나는 아주 기꺼이 이 책에 나의 벌거벗은 모습을 가감 없이 그려냈을 것이다. 그래서 독자들에게 밝히니, 이 책의 재료는 바로 나 자신이다."[57]

　　자신을 시험하고, 솔직하게 드러내고, 낱낱이 들여다보고, 자신이 한 행동에 대해 솔직하게 말하고, 아무것도 숨기지 말아야 한다. 몽테뉴는 또 이렇게 말했다. "자신의 악을 바라보고 관찰하여 다른 이들에게 이야기할 수 있어야 한다. 자신의 악을 타인에게 숨기는 이들은 대개 자기 자신에게도 그것을 숨긴다. (중략) 그들은 자신의 양심에서 그것을 숨기고 위장한다." 자아 성찰은 도살장과 같기에, 우리는 뼈를 발라내고(자신을 낱낱이 해부하고), 잘라내고(단호해야 하고), 내장을 끄집어내야 한다(속마음을 내보여야 한다). 영혼의 질병이 깊을수록 우리는 그것을 보려고 하지 않으며, 심지어 그것을 느끼지도 못한다. 몽테뉴는 이런 무의식을 자기기만이라고 말했다. "그렇기에 우리는 무자비한 손으로 가슴 깊은 곳에서 영혼의 질병을 끄집어내어 백일하에 드러내야 한다."[58] 우리는 "자신의 내밀하고 보다 은밀한 밑바닥까지"[59] 가서 우리가 숨기고 있는 것을 살펴봐야 한다. 우리가 그렇게 철저하게 자신을 끝까지 몰아붙인다면, 샤르댕의 그림에 등장하는 붉은 가오리나

램브란트의 그림에 등장하는 도살된 황소처럼 피 흘리고 절단되고 완전히 뒤집힌 채 자아 성찰의 칼날을 피해 가지 못한 자신을 발견하게 될 것이다.

나를 숨김 없이 드러내기

너무 성급하게 영혼의 깊은 곳을 들여다보기 전에 우선 자신의 육체를 관찰해보는 것도 좋다. 눈에 보이는 것을 솔직하게 드러내면서 보고 싶지 않은 것 역시 숨김없이 드러낼 수 있어야 한다. 자신의 육체를 솔직하게 묘사하는 것은 자신의 마음을 세세하게 표현하기 전에 행하는 예행연습 같은 것이다.

라 로슈푸코는 17세기에 이미 이런 시도를 했던 훌륭한 본보기다. 그는 자신의 육체를 이렇게 묘사했다. "나는 중간 정도의 키에 균형이 잘 잡힌 체격이다. 피부색은 갈색이지만 무척 반들반들하며 이마는 봉긋 솟아 있고 적당히 넓은 편이다. 눈은 작고 움푹 들어가 있으며 눈동자는 검은색이다. 눈썹은 짙고 두껍지만 모양이 잘 잡혀 있다. (중략) 예전에 턱이 조금 길다는 이야기를 들은 적이 있다. 방금 턱을 만져보고 어떤 모양인지 보기 위해 거울을 들여다봤지만 어떻게 판단해야 할지 잘 모르겠다. (중략) 내 얼굴에는 슬픔과 자부심 같은 것이 깃들어 있는 것 같다. 그것 때문에 대부분의 사람들이 나는 전혀 그런 사람이 아닌데도 내가 건방지다고 생각한다. 나는 아주 자연스럽게 행동하는데, 말을 하면서 취하는 제스처가 조금 과할 때도 있다. 이것이 바로 솔직하게 표현해본 나의 겉모습이며, 사람들은 내가 표현한 나의 모습이 실제의 내 모습과 크게 다르지 않다는 것을 알게 될 것이라 믿는다."[60]

자아 성찰의 조건은 앞서 언급했듯이 무자비해야 한다. 마치 무언가를 고백하듯, 의심할 여지 없이 진실을 드러내야 한다. 이렇듯 가차 없는 성찰을 하는데도 아무런 혼란이나 거부감이 없다면, 그것은 진정한 성찰이 아니다. 자신에 대해 알고자 한다면, 육체나 말 또는 태도로 미화하거나 가릴 수 없는 자신의 뼛속까지 들여다봐야 한다. 프랑스 소설가 미셸 레리스가 그랬던 것처럼 말이다. "나는 반들거리면서도 홍조가 있는 피부를 못마땅하게 여긴다. 내 손은 가늘고 털이 많으며 핏줄이 불거져 있다. 끄트머리가 안쪽으로 휘어진 양손의 중지는 상당히 나약하거나 회피적인 나의 성격을 보여주는 것인지도 모른다. (중략) 나는 거울에 비친 내 모습을 갑작스레 보는 것을 몹시 꺼린다. 준비되지 않은 채로 거울을 볼 때면, 치욕적일 정도로 못생긴 내 모습을 발견하게 되는 까닭이다."[61]

수치심을 느끼면서도 뻔뻔하게 자신의 모든 것을 드러내고 자신에게 상처를 줄 수 있어야 우리는 비로소 우리 자신의 진짜 모습을 볼 수 있다.

광기에
대하여

○

병자들이 병원에 입원해 건강한 사람들과 떨어져 있듯, 정신 이상자들은 이 사회에서 격리되어야 할까? 감옥 주변에 높은 담을 세우듯, 병원 주변에도 높은 담을 쌓아야 할까? 그것이 비정상적인 것으로부터 우리를 보호하는 방법일까? 정상의 범주에서 벗어난 것들은 장벽을 쌓고 가까이하지 말아야 할까?

프랑스 철학자 미셸 푸코는 이렇게 말했다. "감옥이 공장이나 학교, 군대, 병원과 흡사한 것이 뭐가 그리 놀라운 일인가. 이 모든 곳이 어차피 감옥과 비슷한 마당에." 푸코의 분석에 따르면, 비정상적인 것을 격리시키는 것은 "접촉, 전염, 접근, 밀집을 피하고 환기와 통풍에 신경 쓰면서 감시 체계와 행동 통제를 확립하는 것"이다. 종교, 의학, 정치, 학교, 기업 역시 개인에 대해 이런 통제와 감시를 실시하고 획일화된 행동 규범을 강제한다. 18세기 영국 철학자 제러미 벤담이 고안했고 푸코가 영감을 받은 원형 감옥 판옵티콘(panopticon)처럼, 권력은 사적인 부분과 내밀한 부분까지 모두 보고 들으며 통제와 감시를 한다.[62]

그렇게 건전한 정신을 지닌 사람들을 보호한다는 미명하에 광기는 마땅히 격리되어야 하는 것으로 치부되었다. 푸코는 데카르트적 이성주의가 광기를 정신병으로 내몰았고, 그 결과 17세기 중반 파리에서 광인이라고 낙인찍힌 6천여 명이 강제로 수용되는 "대감호의 시대"가 시작되었다고 주장했다.[63] 그러나 푸코의 주장에는 두 가지 오류가 있다. 먼저 데카르트는 광기에 무관심하지 않았다. 그는 오히려 광기에 깊은 관심을 가졌고 무언가를 보는 것은 눈이 아닌 정신이기 때문에 이른바 정상적이라고 하는 인식마저도 실제로는 환각일 수 있다고 역설했다. 우리가 보는 것이 무엇인지 결정하고 판단하는 것은 정신 또는 뇌이기에 우리가 정말로 현실을 보고 있는 것인지 결코 확신할 수 없다는 것이다. 광인과 마찬가지로 정신적으로 건강한 사람도 현실에 존재하지 않는 것을 보거나 착각할 수 있다.[64] 그러므로 인식은 환각과 크게 다르지 않다. 두 경우 모두 무엇을 보고 있는지 결정하는 것은 정신이므로 착각을 유발할 수 있다.

푸코의 또 다른 오류는 그가 광인들이 강제로 감금되었다고 주장한 17세기는 오히려 이성과 광기가 명확하게 구분되지 않아 사회 전체가 '광인들의 배'처럼 여겨진 사실을 간과한 데 있다. 게다가 그 시대에는 이성적인 태도마저 또 다른 형태의 광기, 부적응, 비정상으로 여겨졌다. 그래서 17세기 사상가 파스칼은 이렇게 말했다. "인간은 필연적으로 미친 존재이며, 따라서 인간이 미치지 않았다는 것조차도 또 다른 방식으로 미친 것이리라."[65]

한편 플라톤과 아리스토텔레스의 정치에 관한 저술 활동은 광인들의 병원과도 같은 혼란스러운 이 세상을 통제하는 일이나 다름없었다. "그들이 마치 위대한 것인 양 정치에 대해 논했다면, 그들의 글을 읽는 광인들이 자신을 황제나 왕이라고 생각하고 있음을 알았기 때문이다. 그런 광인들의 비정상적인 행동을 가능한 한 해롭지 않게 진정시키기 위해 그들은 정치에 관한 글을 썼다."[66] 그러므로 이성은 인간들이 혼란스럽고 비합리적인 '광인들의 병원'에서 살아남는 법을 배우는 데 있어 가장 필요한 덕목이다.

고독과 고립에
대하여

○

자아 성찰은 가식이나 거짓말, 변명을 허용하지 않고 과감하게 자신과 대면하는 일이다. 또한 고독이라는 시련을 견디는 일이기도 하다. 고독 속에 있을 때 고통을 느끼는 이유는 홀로 있는 것이 아니라 언제나 자기 자신과 함께 있어야 하기 때문이다. 오늘날 어딜 가나 배경음악이 끊임없이 흘러나오는 것은 바로 이런 이유 때문인지도 모른다. 식당, 치과, 탈의실에서 종종 최대의 볼륨으로 울려 퍼지는 잔잔한 음악은 항상 우리 곁을 떠나지 않는다. 그것은 나 자신으로 존재하고 나 자신과 함께 존재하는 데서 비롯되는 고독을 지워버리기 위한 소음이다. 나 자신과 대면하는 순간에 우리는 우리의 주의를 흐트러뜨리면서 고독을 달래주고 그 무게를 가볍게 해주는 배경음악을 필요로 한다.

우리는 삶과 살아 있는 존재들이 언제나 주변에 함께하고 있음을 느끼고 싶어 한다. 그렇게 함으로써 고독과 자신과의 대면을 피하려고 한다. 자신이 고독의 가장 큰 원인이라는 듯 말이다. 그렇지만 고독은 공허도 적막도 아니다. 고독은 오히려 끊임없는 활동이라 할 수 있다. 우리는 오롯이 홀로 있을 때 생각을 하기 때문이다. 무엇을 생각하는지는 중요하지 않다. 우리는 한 순간이라도 생각하지 않고는 존재할 수 없다. 우리는 자기 자신과의 끊임없는 대화를 통해 꾸준히 사유하고 성찰하면서 존재하고 살아가고 생각한다.

그러나 살아가면서 갈피를 잡지 못하고 헤맬 때가 있다. 고독이 고립으로 변해 곁에 있는 모든 것, 심지어 나 자신조차 잃어버리는 것이다. 우울증, 실연, 권태는 내가 나 자신에게서 떠난 듯한 경험이다. 나를 잃어버린 나의 목소리는 대화할 상대를 찾지 못해 홀로 내 안에 머무른다. 슬픔은 또 다른 나를 내게서 앗아가고 나 자신과의 끝나지 않는 관계도 앗아간다.

나는 나의 고독을 잃고 나 자신에게서 버림받아 완전히 혼자가 된다. 그럴 때 나의 생각, 세상과 타인과의 관계, 나에 대한 믿음은 희미해지고 시들해진다.

고독을 받아들이지 않으면 많은 것을 잃게 된다. 자신과의 대면을 회피할 때 우리는 자유를 잃는다. 여기서 말하는 자유란 선택의 자유가 아니다. 우리는 오히려 원하는 것을 선택할 기회를 넘치도록 갖는다. 그래서 우리는 식당에서 메뉴판을 보고 무언가를 선택하듯 살아가고 행동하며, 이 세상은 우리의 욕망을 채워주는 거대한 시장이 된다. "오래도록 변하지 않는 사랑을 원하시면 2번을 누르세요." "재미있고 믿음직한 친구를 원하시면 아래 칸에 체크하세요." "데카르트가 천재라고 생각하면 '좋아요'를 누르고 투표해주세요." 이런 세상을 상상할 수 있겠는가? 우리는 이제 자유의지가 아닌 과도한 의지를 갖게 되어 끊임없이 선택지를 받고 선택을 해야 한다. 마트 진열대에서 무언가를 선택할 수 있는 자유만이 우리가 가진 유일한 자유일까? 무언가를 선호하고 선택하고 클릭할 수 있는 자유보다 더 진정한 자유의 역량이 존재하지 않을까?

우리 안에는 이미 주어진 가능성과 관계없이 새로운 것

을 창조할 수 있는 자유, 즉 단순히 수용하거나 거부하는 것에 그치지 않고 무언가 새로운 것, 참신한 것, 놀라운 것을 만들어낼 수 있는 자유가 살아 있어야 한다. 이런 자유는 욕망과 선택의 거대한 시장에서 멀리 떨어져 고독 속에 있을 때만 얻을 수 있다. 그러나 유감스럽게도 프랑스 철학자 베르그송이 지적한 것처럼, "우리는 내면의 진정한 자아로 돌아가려고 할 때마다 자유로울 수 있는데도 그렇게 하기를 원하는 경우가 극히 드물다".[67] 따라서 고독을 그저 외롭고 부정적인 상태로 여기는 대신, 진정한 자유를 체득하고 지킬 수 있는 유일한 방법으로 받아들여야 할 것이다.

자살에
대하어

○

살 것인지 죽을 것인지를 선택할 수 없다면, 즉 자살을 선택할 수 없다면 자유란 대체 무엇일까? 귀농을 할지, 도시에 남을지, 그 사람과 헤어질지, 이직을 해야 할지 등등 우리는 종종 중대한 선택의 기로에 놓인다. 그러나 그중에서도 가장 중대한 선택은 자신의 의지로 자신의 목숨을 끊는 선택이다. 자살에 대해 진지하게 생각해볼 때 비로소 자신의 삶이 가치가 있는지 없는지를 돌아볼 수 있다. 카뮈가 말한 것처럼, 자살이야말로 "참으로 진지하게 다뤄야 할 철학적 문제"다.

카뮈는 자살을 생각할 때, 삶과 세상의 온갖 부조리를

깨달을 수 있다며 이렇게 말했다. "세상의 원초적인 적의가 (중략) 우리에게 찾아온다. 세상은 한동안 우리가 더 이상 이해할 수 없는 것이 된다. (중략) 세상은 원래의 모습으로 되돌아가버렸기 때문에 우리 손에 잡히지 않는다. 무대 장치들은 우리가 습관적으로 씌워놓았던 가면을 벗고 원래의 자기 모습으로 되돌아가고, 우리로부터 멀어져 간다. (중략) 단 한 가지 확실한 것은 세상의 두꺼움과 낯섦이며, 그것이 바로 부조리라는 것이다."[68] 이 부조리는 세상이 본래의 모습으로 되돌아갈 때, 우울과 고통 속에서 경험하는 부조리다. 우리는 입을 닫고 눈을 감고 귀를 막은 채 우리의 욕망에 무관심한 그 부조리한 세상을 보고 싶어 하지 않는다.

　이런 예감은 우리 내면에서 두려움과 고통을 불러일으키고, 그 감정들에서 벗어나기 위해 우리는 자살을 생각한다. 자살 충동을 느꼈던 톨스토이는 이렇게 고백했다. "나는 나를 기다리고 있는 것 앞에서 공포를 느꼈다. 그 공포가 내가 처한 상황보다 더 끔찍하다는 것을 알았지만, 참을성 있게 끝나기를 기다릴 수 없었다. (중략) 어둠의 공포는 너무나 막막해서 노끈이나 총알로 가능한 한 빨리 그 공포에서 벗어나고 싶었다. 그것은 나를 아주 강력하게 자살로 이끌었던 감정이었다."[69]

모순적이게도 위로와 자살은 앞으로 견뎌야 할 끝나지 않는 고통, 가장 큰 고통을 멈추게 한다는 점에서 닮은꼴을 하고 있다. 우발적인 자살은 없다. 모든 자살은 미래에 대한 걱정, 불행이 끝나지 않을 것이라는 불안감에서 비롯한다. 끝을 알 수 없는 우울의 원인을 끝장내고자 하는 조급함이 자살을 결심하게 한다. 그렇게 노끈이나 총알이 불행을 끝내고 어떤 의미에서는 행복을 가져다줄 거라고 믿는다. 이렇듯 우리를 자살로 몰고 가는 것은 행복에의 열망, 그 불가능한 가능성에 대한 열망이다. 왜냐하면 "모든 인간은 행복해지고 싶어 하기 때문이다. 이 점은 우리가 서로 다른 수단을 사용할 뿐 예외가 있을 수 없다. 우리는 모두 그 목표를 지향한다. (중략) 이것이 바로 사람들로 하여금 무슨 일이든 하게 만드는 동기다. 심지어 목을 매려는 사람조차도".[70]

삶이 우울하고 막막하게 느껴질 때, 자살보다 극단적이지도 단정적이지도 않은 또 다른 방법을 생각해볼 수 있다. 바로 소소한 변화나 무언가 새로운 것을 시도하면서 마음을 환기하는 것이다. 고대 로마의 정치가이자 작가인 키케로도 이렇게 말했다. "때로 우리의 정신을 다른 취향, 다른 걱정, 다른 일로 돌릴 필요가 있다. 그리고 환자들에게 하듯 주변 환경에 변화를 줄 필요가 있다."[71]

그런데 이보다 효과적인 방법은 《모비 딕》의 이슈마엘처럼, 멀리 도망칠 수 있는 용기를 내는 것이다. 이슈마엘은 이렇게 말했다. "내 입매가 험악하게 굳어질 때, 내 영혼이 부슬부슬 비 내리는 축축한 11월 같아질 때, (중략) 그럴 때면 먼 바다로 떠나야 할 시간이 되었다는 생각이 든다. 그것은 나에게 자살이나 다름없는 일이다."[72]

PART 03

사회적
고통

노동에
대하여

○

　니체는 말했다. "하루의 3분의 2를 자신을 위해 쓰지 못하는 사람이라면, 그가 정치인이든 상인이든 관리든 학자든 노예에 불과하다."[1] 우리를 구별 짓는 것은 직업이 아니라 자신을 위해 사용하는 시간이다. 우리는 자신만의 시간을 잘 보내기 위해 일을 하고 돈을 벌지만, 문제는 일이 우리의 시간을 온통 잡아먹는다는 것이다. 이것이 바로 노동자의 비극이다.

　정상 근처에 다다르면 다시 아래로 굴러떨어질 바위를 끊임없이 산꼭대기로 밀어 올리는 형벌을 받고 부조리한 상황을 견디는 시시포스처럼, 우리는 살기 위해 일을 하고, 일을 하며 한평생을 보내는 부조리를 겪는다. 먹고살기 위해 평생 일을 하며 자기만의 시간을 갖기를 바라는 매일의 삶에는 고요한 절망이 존재한다. 그래서 우리는 '불금'이 오기만을 기다리고 그날이 오면 비로소 자신이 살아 있다는 느낌을 받는다.

본질적으로 한자리에 머물며 반복해야 하는 특성을 가지고 있는 노동은 우리를 바보로 만든다. 우리의 직업적 능력은 대개 매일 반복된 행위의 결과일 뿐이다. 또한 모든 노동은 우리를 시간, 상사, 인간관계, 성과에 얽매이게 한다. 누군가는 자신의 일을 진심으로 사랑하고 있다며 이에 반박할 수도 있겠지만, 그렇다고 해서 노동에 내포되어 있는 억압과 제약이 사라지는 것은 아니다. 그럼에도 그렇게 느낀다면, 그것은 일을 할 때 괴로움보다 즐거움을 더 크게 느끼거나 자신이 맡은 일이 '꿀보직'이기 때문일 것이다.

철학의 진단

"즐거운 주말 보내세요!" 자유의 외침, 혹은 적을 향한 선전포고처럼 들리는 이 쾌활한 인사말에는 초조함이 숨겨져 있다. 일터에 속박된 존재에서 벗어나 마침내 되찾은 자유로운 삶을 48시간 동안 만끽해야 한다는 의무감 때문이다. 우리는 우리가 사랑하고 원하는 모든 것을 눈 깜짝할 사이에 지나가버리는 이틀 안에 해치워야 한다. 그런데 우리에게 주어진 그 짧은 시간을 최대한 '활용'하기 위해 마지못해 즐길 거리를 찾고 외출을 해야 한다면, 그것 또한 속박이 아닐까? "이번 주말에 뭐하세요?"라는 질문에 아무것도 하지 않을 권리, 비생산적이고 무능하고 쓸모없는 존재가 될 권리를 외칠 수는 없을까? 집중해야 할 일도 없고, 도달해야 할 목표도 없고, 수요도 공급도 없는 상태, 더 이상 계산이 필요 없는 마이너스의 상태로 존재할 수는 없을까? 더 이상 무언가를 해야 한다는 논리에 얽매이지 않고, 시간을 재거나 분배하지 않으며, 시작도 끝도 없이 시간이 흘러가도록 내버려두는 시간표 없는 삶을 살아볼 수는 없을까?

한편 어떤 이들은 일을 통해 '자아실현'을 하고, 더 나아가 '자신의 한계를 뛰어넘고', '능력'과 '전문성'을 발휘하고 있다고 웅변한다. 자신들이 그 대가로 원하는 것은 오직 '인정'뿐이라고 하면서 말이다. 그렇지만 무엇을 인정받고 싶은 걸까? 자기 자신? 자신의 지위? 달성한 성과? 인정을 받기 위한 투쟁은 노동이 비인격화되고 노동자들이 의사 결정에서 배제되며 그들의 창의성이 무시되는 현상을 방지해준다는 이유로, 노동을 인격적으로 만드는 데 기여한다고 여겨진다. 다시 말해, 인정 투쟁은 노동자들이 근무 시간에도 자신의 개성과 창의성을 발휘할 수 있는 권리를 행사하는 것이나 다름없다. 이론상으로는 바람직하지만 이런 인정 투쟁은 평가에 대한 집착과 유아적 인정욕구를 유발한다. 게다가 인정 투쟁에 매몰되면 남녀 임금 평등, 원활한 정보 전달, 근속 연수만이 아닌 자격이나 능력을 인정하는 연공서열, 보다 체계화된 조직 등 당장 눈앞에 산적한 문제들의 해결은 등한시될 수밖에 없다.

철학의 치료법

칼 마르크스는 노동자의 노동 조건을 정의하면서 노동이 정작 그 노동을 해내는 노동자에게는 본질적으로 중요한 의미를 갖지 못한다는 '노동의 소외'를 주장했다.

우리가 일하는 방식을 결정하고 그 실행 방법을 안다고 해도, 노동은 항상 외부에서 우리에게 강제된다. 이런 점에서 모든 노동은 일종의 강제 노동이다. 노동의 소외가 일어나는 또 다른 이유는 노동은 내적 만족이 아닌 노동 외의 욕구(여행, 쇼핑, 휴가 등)를 충족시키는 수단이기 때문이다. 마르크스는 이렇게 꼬집었다. "물리적 또는 다른 어떤 제약이 존재하지 않으면, 노동은 페스트처럼 몹시 기피된다는 점에서 노동의 기이한 특성이 뚜렷하게 드러난다. 외적 노동, 즉 인간이 소외되는 노동은 인간의 자기희생이자 고행이다. (중략) 그 결과 인간은 그의 동물적 기능들인 먹고 마시고 생식하는 일을 할 때에야 비로소 자신이 자유롭게 활동한다고 느끼게 된다. (중략) 그렇게 동물적인 것은 인간적인 것이, 인간적인 것은 동물적인 것이 된다."[2] 우리 안에 있는 가장 '창조적인' 부분은 노동이 아닌 소비를 할 때 발현되고, 이를 통해 우리는 선택하고 결정하고 남들과 구별되면서 자기 자신으로 존재할 수 있다고 믿는다.

노동은 우리의 삶을 유지하고 생존하기 위해 반드시 필요한 원시적이고 동물적인 행위다. 문명화된 인간은 이제 그날 먹을 식량을 구하기 위해 하루를 전부 써버리지 않아도 되지만, 그럼에도 인간은 여전히 자신의 욕구를 충족하기 위해 대부분의 시간을 노동으로 보낸다. 이에 마르크스는 "노동 시간을 단축"[3]하고 한 개인을 단일한 직무에 배치하는 분업을 폐지한다면 노동자는 자유를 획득할 수 있다면서 이렇게 주장했다. "공산주의 사회에서는 (중략) 어느 누구도 폐쇄적인 활동에 얽매이지 않는다. 우리는 언제든 배관공이 되었다가 철학 교수가 될 수 있고, 사냥꾼이나 어부나 목동이나 비평가가 되지 않고도 마음 내키는 대로 아침에는 사냥을 하고, 오후에는 물고기를 잡고, 저녁에는 가축을 치고, 식사 후에는 비평에 전념할 수 있다."[4] 그러나 우리는 이 지점에서 노동이 인간을 소외시키는 동시에 인간을 규정한다는 모순에 직면한다. 실제로 누군가를 처음 만나서 대화할 때 우리는 대개 상대방이 무슨 일을 하는지, 직업이 무엇인지를 물으면서 대화의 물꼬를 트지 않는가. 그러니 어떻게 노동 자체가 사라지기를 바랄 수 있겠는가.[5]

한편 니체는 노동의 억압에서 벗어나기 위한 개인적 차원의 해결책을 제시했다. 니체는 노동자에게 요구되는 시간 엄수, 열정(또는 능력), 충성심(또는 가용성), 유능함(또는 효율성) 같은 덕목들에 순응하지 않아야 개인의 건강과 정신적 균형을 유지할 수 있다고 주장했다. 그리고 이것이야말로 '월급 노예'로 전락하지 않고, 자기 자신을 지킬 수 있는 방법일지도 모른다.

불성실한 일꾼 되기

노동을 하는 모든 인간은 자신을 학대하는 것이나 다름없다. 노동에 관해 말하자면, 우리는 실제로 너무나 많은 일을 한다. 다시 말해, 지급받는 보수에 비해 훨씬 많은 일을 한다. 모든 임금 노동자는 무시당하고 착취당한다. 노동은 본질적으로 그것이 무엇이든 간에 우리의 정체성을 변질시키고 훼손하는 것을 당연하게 여긴다는 점에서 자아의 대척점에 있다. 그러므로 노동이 우리에게 요구하는 '근면', '성실'과 같은 자질은 사실 우리가 스스로에게 가하는 고통이나 마찬가지다.

모든 노동자는 결국 이렇게 자신이 하는 노동의 희생양이 된다. 모든 직업은 소명이 아니라 희생이며, 우리는 우리에게 요구되는 것을 받드느라 자기 자신을 잃어버린다. 그래서 니체는 이렇게 한탄했다. "사람들은 노동을 너무 열심히 하는 바람에, 시력 또는 자기 정신의 독창성과 참신함을 망치며 노동에 열심인 사람을 칭송한다. 우리는 '일에 치여 사는' 청년을 존경하고 측은하게 여긴다. (중략) 반드시 이런 희생을 치러야 하다니, 정말로 유감이다! 그러나 개인이 (중략) 사회를 위한 노동보다 자신을 돌보고 성장하는 것을 더 중요하게 여긴다면, 그나마 불행 중 다행일 것이다!"[6]

우리는 우리가 하는 노동에 늘 너무나 많은 힘을 쏟는다. 그러나 노동에 있어 중요한 것은 노동에서 인간을 소외시키는 온갖 성실함을 거부하고 불성실한 일꾼이 되는 법을 배우는 것이다.

사회 규범에
대하여

○

사랑과 우정은 만남이라는 특별한 기적을 통해 이루어진다. 이런 만남은 '이전'의 나와 '이후'의 나를 새로 만들어 나자신과 타자가 동시에 존재하는 것처럼 느껴지게 한다. 폴, 뱅상, 클라리스, 마리를 만나기 전의 내가 방황하며 버림받은 듯한 느낌을 받았다면, 그들을 만난 지금의 나는 방황을 끝내고구제된 느낌을 받는 것이다.

그러나 사회 집단 속에서 타자와의 만남은 불가능하다. 타자는 규칙과 규범, 금지와 의무사항, 계약과 합의를 통해 물리적으로나 상징적으로나 도처에 존재하기 때문이다. 타자는 우리 앞에 나타나지 않고 우리를 앞서간다. 타자는 바로 우리 앞에 있다. 그래서 우리는 그에게 자리를 양보하며 "먼저 가세요"라고 말한다. 이것이 바로 사회에서 이루어지는 '만남'의 방식이다.

증상과 징후

교통 법규가 없는 삶을 상상해보자. 그 세상은 성차별적이고 난폭하며 위험하고 원시적인 싸움터가 될 것이다. 모욕적인 언사가 난무하고, 도로는 죽음의 길이 되며, 강자는 약자를 짓밟을 것이다. 신호등, 정지 표지판, 보행자 우선 통행 표지판이 없다면 도로와 거리는 전쟁터나 다름없을 것이다. 그야말로 만인에 대한 만인의 투쟁이 벌어지는 것이다. 모두가 지켜야 하는 강제성 있는 규칙이 없다면 도로의 자동차들은 저마다 자기가 먼저 가려고 아귀다툼을 할 것이다. 내가 왜 다른 사람에게 먼저 가라고 양보해야 하는가? 나에게는 그럴 의무가 없고, 상대는 내게 양보를 요구할 권리도 자격도 없다. 요컨대 우리는 모두 평등한 운전자일 뿐이다. 어떤 것도 (앞서 나가고, 도착하고, 달리려는) 나의 욕망을 통제할 수 없다. 교통 법규가 없는 이런 삶은 토머스 홉스가 비관적으로 묘사한 자연 상태, 즉 사회적 규범과 관습 체계가 부재한 상태를 여실히 보여준다.

철학의 진단

인간은 본래 악하지 않지만 자기 욕망을 충족시키려는 본능이 있으며, 욕망 때문에 타인을 장애물이나 라이벌로 여긴다. "인간이 인간에게 늑대"[7]라면, 그것은 타고난 야만성 때문이 아니라 자신의 목적을 달성하려는 욕망 때문이다. 욕망하는 것을 얻고자 하는 이 자연권을 무슨 명분으로 제약할 수 있겠는가. 그것은 엄연히 나의 권리다. 그러나 내 이웃 역시 똑같은 권리를 주장한다면 문제가 달라진다. 권리의 주장이 투쟁으로 비화하지 않고, 욕망이 타인을 죽이지 않으며, 타인의 자유를 침해하지 않고 나의 자유를 누리려면 어떻게 해야 할까? 해결책은 정지 표지판, 즉 규범을 만드는 것이다.

규범이 확립되어 있지 않으면, 원하는 것을 손에 넣으려는 나의 당연한 권리 행사를 통제할 수 있는 것이 아무것도 없다. 어쨌든 이것이 민주주의다. 그러나 나의 권리가 침해당하거나 내가 타인의 권리를 침해하지 않으려면 규범이라는 제약이 필요하다. 따라서 규범이란 원하는 것을 할 수 있는 권리의 반대 개념이라 할 수 있다. 이것이 바로 현실에 존재하는 민주주의 또는 공화국의 진정한 의미다.

사회에서 살아가려면 저마다 똑같은 권리를 요구할 수 있는 만큼, 내가 원하는 모든 것을 할 권리를 기꺼이 포기해야 한다. 이렇게 포기된 권리는 국가, 대표자, 군주, 대통령으로 대변되는 공공 권력에 양도된다. 이 조건이 전제될 때만 개인의 독재와 폭정이 통제되고 모두의 안전이 보장될 수 있다.

그렇다면 이런 사회에서는 어떻게 해야 개인의 자유가 보장될까? 구석구석에 경찰을 배치해야 할까, 아니면 시민의식을 고취시켜야 할까? 강력한 정부가 필요할까, 아니면 참여 민주주의를 확립해야 할까? 자유와 안전, 둘 중에 무엇이 더 중요할까? 운전대를 잡았을 때, 정치철학이 던지는 중대한 질문들을 떠올려본다면, 이에 대한 자신의 견해를 보다 쉽게 정리할 수 있을 것이다.

리바이어던에 대한 생각

인간이 태곳적부터 두려워하는 것은 늑대가 아니라 인간
이다. "국가의 본질은 (중략) 인간이 인간을 두려워하는 것"[8]
이라는 말처럼, 인간은 자신이 느끼는 위험으로부터 자신을
보호하기 위해 개인 보호의 책무를 맡고 있는 국가 시스템에
의존한다. 사회는 내부 구성원 간의 알력과 공포를 제거함으
로써 타인을 적이 아닌 이웃으로 만드는 역할을 한다. 인간관
계에서 벌어지는 해악을 제거하려면 절대 권력이 확립되어야
한다. 이 권력이 오직 한 사람에게 부여되는지(대통령제), 다수

에게 부여되는지(내각제)는 중요하지 않다. 중요한 것은 자신의 이익을 위해 원하는 것은 무엇이든 할 수 있다고 주장하는 개인의 권리가 이 절대 권력에 온전히 양도되는 것이다. "결국 모든 사람을 떨게 하는 공공의 힘이 없는 상태라면, 인간은 누구나 전쟁 상태에 놓이게 된다. 이와 같은 전쟁은 '만인의 만인에 대한 투쟁'이라 할 수 있다. 이 '투쟁'은 단지 실질적인 충돌이나 싸움이 아니라 (중략) 모두가 자신의 이익을 위해 언제든지 서로 싸울 의향을 가진 상태를 의미한다."9

이것이 바로 17세기에 토머스 홉스가 제시한 해결책으로, 오늘날 우리가 따르는 교통법규를 떠올려보면 그 기본 원칙을 쉽게 이해할 수 있다. 원하는 것을 얻기 위해 무엇이든 할 수 있다고 주장하는 개인의 권리가 절대 권력에 양도되지 않는다면, 인간은 언제 타인에게 공격당할지 모른다는 불안감과 두려움 속에서 살아가야 할 것이다. 이익을 위해 서로 싸우고 갈등하는 투쟁 상태에서 개인을 보호하고 모두가 평화롭게 공존할 수 있도록 기능하는 것이 거대한 괴물 리바이어던(leviathan), 바로 국가다.

돈에
대하여

○

돈의 논리는 잔인할 정도로 이분법적이다. 돈이 있느냐 없느냐, 그뿐이다. 여기서 미묘한 뉘앙스나 자유로운 해석은 통용되지 않는다. 100유로가 있거나 없거나, 둘 중 하나다. 물론 100유로라는 액수는 부자와 가난한 사람에게 각기 다르게 느껴지겠지만, 1뒤에 0이 두 개 붙는 100이라는 숫자는 변하지 않는다.

돈에는 논리적 비판이 허용되지 않는 도그마 같은 특성이 있다. 좋든 싫든 돈의 논리는 그런 것이며 누구에게나 100유로는 100유로일 뿐이다. 여느 진실보다도 단단하고 여느 가치보다도 해석의 여지를 주지 않는 돈은 투박하면서도 간결한 사물의 특성을 지니고 있다. 돌이 돌인 것처럼, 50유로 지폐는 50유로 지폐일 뿐이다.

그런데 돌과 달리 돈으로는 무엇이든 살 수 있다. 돈은 사물 중에서 유일하게 본래의 형태를 유지하면서 다른 어떤 것으로든 변신할 수 있다. 예컨대 100유로는 향수로, 비행기 표로, 세금으로, 휘발유로, 어항으로, 통조림으로 변신할 수 있고, 심지어 다른 유로로도 변신할 수 있다. 돈은 다른 사물들을 도구처럼 만들어내는 것이 아니라, 마치 요술처럼 눈앞에 나타나게 해서 그것들을 소유할 수 있게 해주는 유일한 사물이다.

돈과 우리의 삶

돈은 욕구를 물건으로 바꾸는 특별한 마법이다. 우리에게 돈이 있다면, 돈은 우리의 의지를 현실로 만들어주는 매개체가 된다. 무언가를 원한다면, 구매해서 소유하면 된다. 게다가 돈은 욕망하는 것을 현실로 만들어주는 마법 같은 힘을 발휘한다. 따라서 코르시카에 가고 싶다면, 칼비라는 도시로 가는 비행기 표를 사기만 하면 된다. 돈의 전능한 힘은 코르시카에 대한 동경을 더 이상 괴로운 욕망이 아닌 기대에 찬 현실로 만들어준다.

돈은 행복의 큰 부분을 좌우한다. 돈에는 결핍을 없애는 놀라운 힘이 있어서다. 돈을 가지고 상상을 현실로 바꿀 수 없는 것은 거의 없으며, 행복이라는 추상적인 개념 역시 돈을 통해 현실로 만들 수 있다. 세상과 타인과의 관계를 지배하는 것이 돈이라고 생각한 마르크스는 "나의 이웃은 바로 돈"이라고 자조했다.[10] 돈이 없으면 세상과도 이웃과도 단절되어 국가나 사회에 속하지 못하게 된다.

돈은 그 자체로 우리의 판단과는 무관한 가장 명백한 현실이자(다시 한번 말하지만, 100유로는 우리가 어떻게 생각하든 100유로다), 어딘가에 접근할 수 있게 해주는 통행권이다(돈이 없다면 우리에게 존재하는 것은 아무것도 없을 것이다. 감정조차도 경험하고 표현하고 유지하려면 돈이 필요하다). 경제적·정치적 관점에서 돈이 임금 노동, 즉 자신의 필요를 충족시키기 위한 노동의 형태를 띨 때, 그것은 현대판 노예제로 변신한다. 살아가기 위해서는 반드시 돈이 필요하다. 우리의 삶까지 돈을 주고 사야 한다니,

참을 수 없는 부조리가 아닐 수 없다.

돈에 대한 철학의 시선

우리의 예상과 달리, 돈의 전능함을 가장 뚜렷하게 보여준 분야는 철학이다. 실제로 돈이 철학이라는 영역에 모습을 드러낸 것은 신의 존재를 증명하는 고도의 추상적인 철학 개념을 주장하는 과정에서였다. 칸트는《순수이성비판》에서 데카르트의 신 존재 증명을 반박하고, 관념과 경험 사이에 극복할 수 없는 간극이 있다는 것을 강조하기 위해 신의 존재를 돈에 빗대어 설명했다. 데카르트가 제시한 신 존재 증명은 신에 대한 관념에서 출발한다. 데카르트에 따르면, 완전하고 영원하며 전능한 존재라는 관념은 필연적으로 그런 완전한 존재가 현존하는 것을 전제로 한다. 불완전한 존재인 인간은 사유를 통해 완전한 존재를 임의로 만들어낼 수 없기 때문이다. 따라서 신에 대한 관념은 완전한 존재인 신에게서 왔다고 생각할 수밖에 없다. 즉 신에 대한 관념 자체가 신의 존재를 증명한다.

그러나 칸트는 관념적으로 규정할 수 있다고 해서 그것

이 반드시 현존으로 이어지는 것은 아니라고 지적하며 데카르트에게 반기를 들었다. 칸트에 따르면, 무언가를 생각한다고 해서 그것이 반드시 존재하는 것은 아니다. 실존은 우리 머릿속의 단순한 관념을 넘어서는 무엇이다. 단순히 무언가에 대해 정의를 내린다고 해서 그것이 존재하는 것은 아니다. 예컨대 마음속으로 생각하는 100탈러(옛 독일의 화폐 단위—역주)는 우리의 호주머니를 채워주지 못한다. 아무리 셈이 느린 사람이라도 칸트의 주장에 고개를 끄덕일 수밖에 없을 것이다. 100유로는 마음속에 있을 때가 아니라 주머니에 있을 때 실존하는 것이다. 이에 대해 칸트는 이렇게 말했다. "현실에서 100탈러를 가지고 있을 때, 단지 100탈러의 관념만을 가지고 있을 때보다(그저 100탈러를 가질 가능성이 있을 때보다) 나는 더 많은 것을 가졌다고 할 수 있다. 왜냐하면 현실에 있는 사물은 개념의 속성을 설명하는 분석적 판단의 영역에 속해 있는 것이 아니라, 나의 관념에 더해져 우리의 지식을 확장하는 종합적 판단의 영역에 속해 있기 때문이다."

존재는 구체적인 경험(100탈러를 만지거나 보는 경험)을 통해서만 파악된다. 칸트의 말처럼, "장사꾼이 재산을 늘리겠답시고 장부에 0을 몇 개 덧붙인다고 돈이 많아지는 것이 아닌 것처럼, 단지 관념만으로 지식이 더 풍부해지지는 않는다". 다시 말해, 장부에 0을 더 써 넣는다고 실제로 부자가 되지는 않는 것처럼, 신에 대한 관념이 있다고 해서 신이 존재한다는 결론을 내릴 수는 없다. 어떤 것은 반드시 내가 그것을 경험할 때만 존재한다고 말할 수 있다. 이렇듯 돈은 철학이라는 엄중한 학문이 내세운 이론을 허물어뜨렸다. 돈이라는 현실을 거스를 수 있는 것은 없다. 어떤 것도, 신마저도 이를 피해 갈 수 없다. 이외에도 칸트는 종교와 돈의 관계를 집요하고 지독하게 관찰했다. 그리고 대부분의 인색한 사람들은 종교에 심취해 있다는 결론을 내놓았다.[11]

철학은 돈의 지배를 받지 않는다

앞에서 말한 칸트의 주장은 그 예시가 적절치 않으며 따라서 그것에 따른 추론도 타당하지 않다는 반박에 부딪혔다. 경험에 의해 구체적으로 파악할 수 있는 돈에 빗대어 신의 실존을 논하는 것 자체가 사리에 맞지 않다는 것이다. 신의 현존은 심지어 그 성격이 다르다. 신의 존재 증명은 경험이 아닌 이론적 당위에 속한 문제이기 때문이다. 다시 말해, 정말로 신이 존재한다면 그는 단지 관념 속만이 아니라 신의 존재를 논리적으로 증명할 수 있는 사람들의 마음에도 존재할 수 있다. 철학자들만이 그 실존을 확신할 수 있다면 대체 신은 무엇이란 말인가? 그런 신은 철학자들만의 신, 책 속에만 존재하는 신에 지나지 않을 것이다. 신은 돈보다 더 현실적인 존재다. 이처럼 신의 존재를 증명하고자 한 이들은 신의 존재는 단순한 믿음이나 상징이 아니라 내 호주머니에 있는 돈[12]보다 더 확실하고 절대적인 진리라는 것을 보여주고자 했다.

그러므로 돈이 특유의 마법을 부리지 못하는 영역은 분명히 존재한다. 바로 형이상학, 특히 신의 존재 증명이다. 신의 실존은 우리가 형성한 신의 관념에서 비롯되기 때문이다. 신을 생각한다는 것은 그가 존재한다고 믿는 것이다. 필연적으로 존재할 수밖에 없는 것이 신의 속성이다. 그렇지 않다면 그는 신이 아니라 우연에 의해 존재하는 한 사람에 불과하다(나는 물론 나의 부모도, 그 윗세대도 존재하지 않을 수 있었다). 따라서 철학은 '신은 신이다, 고로 존재한다'는 주장만으로도 신의 존재가 충분히 증명될 수 있다고 말한다.

철학이라 하면 대부분은 세상으로부터 물러나 세상의 법칙, 특히 자본주의의 법칙에 무관심한 무욕 또는 무상을 떠올리겠지만, 철학은 단순한 표상(신)을 현실(신의 필연적 현존)로 만들어 세속적 논리를 전복하는 힘을 지니고 있다. 철학은 일종의 전복된 세계로, 그곳에서는 사실보다 관념이 현실로 받아들여지기에 가장 확실한 것은 우리가 보는 것이 아니라 생각하는 것이다.

철학에서 돈의 이분법적 논리(호주머니에 돈이 있느냐 없느냐)는 통하지 않는다. 시간이 돈이라면, 철학은 돈의 지배를 받지 않는 시간이다. 그러므로 철학을 하며 십 분을 보내는 것만큼 반자본주의적인 행동은 없을 것이다.

거리 유지에

대하여

○

　인간은 혼자 살아갈 수 없다. 그것은 축복이자 비극
이다. 이번에는 칸트가 옳다. 그는 인간에게는 반사회적 사회
성이 존재한다고 주장했다. "사회는 인간의 반사회적 사회성
을 통해 형성되는데, 인간은 한편으로 사회에 대해 반감을 갖
고 저항하면서도 다른 한편으로는 그 사회에 속하려는 양면
적인 성향을 가지고 있다." 우리는 모두 사회성이라는 가면을
쓰고 있지만, 아주 사소한 일로도 그 뒤에 숨겨진 가까운 사
람들에 대한 근본적인 거부감은 금세 드러나고 만다. 타인은
나와 다르고 나의 행동의 자유를 방해하며 나의 즐거움을 망

친다. 그리고 내게 강요하고 맞선다.

그런데 "이렇게 타인에게 맞설 때 인간은 자신이 가진 온 힘을 끌어모은다. 그리고 야망, 지배욕, 또는 옆에 있는 것이 탐탁지 않지만 그럼에도 없으면 안 되는 동료들보다 높은 자리에 오르고자 하는 욕망에 추동되어 결국 자신의 게으른 태도를 극복한다"[13] 타인은 지옥이라고들 하지만 문화의 교류가 일어나는 장소이기도 하다. 실제로 우리는 같이 있으면 견디기 힘들어하지만 서로가 없으면 살아가지 못한다. 나와 다르면서도 똑같은 타인들과 영향을 주고받으며 우리는 자신의 재능, 취향, 도덕심, 심지어 개성을 발전시킨다.

고슴도치 딜레마

반사회적 사회성과 상호 혐오를 바탕으로 형성된 사회적 삶은 우리에게 '병적으로' 강요된다. 제아무리 원만한 관계라도 모든 관계에는 예의상 억누르거나 숨기고 있는 적개심이 도사리고 있어서다. 이를테면 직장 동료들과의 불화, 상사에 대한 원망, 배우자의 신경질, 친구들 간의 사소한 신경전 등이 그것이다. 우리가 타인과 관계를 맺는 이유는 타고난 사회성 때문이라기보다 홀로 있는 것을 견디지 못해서다.

타인과 함께 있고 싶어 하는 이유는 여행을 떠나거나 술에 취하는 이유와 같다. 홀로 있는 외로움을 견디지 못하는 탓이다. 이에 대해 쇼펜하우어는 "사람들이 무리 지어 있는 것은 모두 함께 지루함을 느끼기 위해서"라고 자조했다.[14] 사회적 삶을 살아갈 때는 이 '맞교환'이 이루어진다는 것을 알아야 할 필요가 있다. 그래서 우리는 마음이 허하거나 기분이 가라앉을 때, 친구나 배우자, 자녀, 동료를 만나 그들에게서 힘을 얻고 기분 전환을 하며 삶의 고단함을 떨쳐내려 한다.

쇼펜하우어는 누구나 고슴도치 딜레마에 빠질 수 있으며 그 유일한 해결책은 타인과 거리 두는 법을 아는 것이라며 이렇게 설명했다. "어느 겨울날, 매서운 추위가 몰려오자 고슴도치 한 무리가 자신들의 온기로 추위를 물리치기 위해 서로 가까이 모여들었다. 그러자 그들의 몸에 난 뾰족한 가시가 서로를 찔러댔고, 고슴도치 무리는 서로에게서 떨어졌다. 그러나 추위를 참지 못한 고슴도치들은 다시 가까이 모여들었다. 그렇게 모였다 흩어지기를 몇 차례 반복한 끝에 고슴도치들은 서로 최소한의 거리를 두는 것이 가장 좋은 방법이라는 것을 깨닫게 되었다. 이처럼 내면의 공허함과 무료함은 인간들을 서로 모여들게 하지만, 저마다의 수많은 고약한 습성과 견디기 힘든 결점은 그들을 다시 흩어지게 한다."[15] 서로에 대해 예의를 지키면서 적당한 거리를 만들고 유지할 수만 있다면 힘겨운 사회생활도 어느 정도는 견딜 만할 것이다. '거리를 유지하라'는 사회성의 원칙이 지켜질 때, 서로가 서로를 고통스럽게 하지 않을 수 있다.

대화에
대하어

○

이 세상에는 3대 사회악이 있다. 먼저, 쓸데없는 수다로 상대를 진저리나게 하는 '투머치토커(too much talker)'다. 그들은 상대가 관심을 보이든 말든 자신의 손자 이야기, 배변 활동 이야기, 최근에 갔던 휴가 이야기를 끝도 없이 늘어놓는다. 다음으로, 잘난 체하며 여성들을 가르치려 드는 '맨스플레이너(mansplainer)'가 있다. 그들은 여성이 남성보다 지적으로 열등하므로 세상과 인생을 다시 배울 필요가 있다고 거만하게 말한다. 그러면서 여성 비하의 '선구자'라 할 수 있는 중세 신학자 토마스 아퀴나스의 "어리석은 자들은 못 할 짓이 없다"[16]는 주장을 끌어와 여성들이 어리석은 존재라고 떠들어댄다. 마지막으로, 혼잣말을 하는 사람들이 있다. 혼잣말은 주로 여성들이 많이 하는데, 남성들은 혼잣말을 하기보다는 '투머치토커'인 경우가 많다. 그들의 대화 방식은 오직 혼잣말을 하는 것뿐이다. 사회성이 제대로 형성되지 않고 지적 능력에 문제가 있을 때, 이 세 가지 문제가 나타날 수 있다. 이들의 공통점은 하나같이 대화 상대의 흥미를 끌 줄 모른다는 것이다.

대화 상대의 흥미를 끈다는 것은 그의 말을 반박하거나 트집 잡는 것이 아니다. 우리는 흔히 그런 사람들을 달변이라고 평하지만, 상대를 설득할 줄 아는 사람이야말로 진정한 달변이라 할 수 있다. 설득하는 것은 간단히 말해서 새로운 관점을 열어주는 열쇠처럼 사물을 다르게 바라볼 수 있도록 새로운 무언가를 제시하는 것이다. 바로 이것이 일상의 대화에서 볼 수 있는 칸트의 선험적 종합 판단이다. 이것은 상대의 말에 반박하는 것도 아니고 그 뉘앙스를 트집 잡는 것도 아니다. 누구도 생각해내지 못하고 모두가 참신하다고 여기는 것을 결합시키는 것이다. 다시 말해, 한 번도 들어본 적 없지만 논리적이고, 설득력이 있지만 재미있는 말을 할 줄 아는 것이다.

대단치 않은 그의 말은 평범하지만 재치가 넘친다. 이런 능력이 없는 사람은 상대를 지루하게 할 뿐이다.

우리는 대화를 통해 서로가 서로를 닮아간다는 사실을 간과하곤 한다. 이에 대해 프랑스 수필가 에밀 시오랑은 "우리의 정신은 저급하고 병든 정신과의 지속적인 교류와 교제로 인해 타락하고 퇴화한다"고 꼬집었다.[17] 솔직히 말해, 우리의 관심사는 오직 하나, 자기 자신뿐이다. 자기 이야기를 빼면 대화할 만한 가치가 있는 주제는 한두 가지에 불과하다. 따라서 우리는 한두 가지 소리밖에 내지 못하는 악기와 같다. 이런 단조로운 생활에서 벗어나려면 타인과의 교류가 필요하다. 타인과 교류하고 감정을 나눌 때, 우리는 스스로를 여유 있고 매력적인 사람으로 여기게 된다. 바로 이런 이유 때문에 우리는 스스로를 고립시키려 하면서도 다양한 사람들과 긍정적인 관계를 형성하려고 노력한다.

쓸데없는 말을 하면 벌금형?

에밀 시오랑은 "우리는 우리 주변에 던진 말들에 정비례하여 죽어간다"고 말했다. 우리는 말로 자신을 지치게 하고,

그 모든 말들을 쏟아내고 반복하면서 모든 신비로움을 소멸시킨다. 우리는 말로써 무언가를 '교환한다'고 믿지만, 주고받는 것은 무의미함뿐이다. "우리는 그것이 의견 교환이든, 고백이든, 음모든, 무의미함을 향한 경주에서 함께 타락하기 위해 타인을 만난다." 우리는 침묵도 고독도 직면할 줄 모른다. "삶은 대화를 통해 순결한 영혼의 고독을 헐값에 팔아넘기는 조바심에 불과하다."[18]

우리는 지식과 말로 자신을 과시한다. 그러나 우리의 만남과 대화가 유발하는 지루함, 피로감, 불쾌감을 '보상'할 수 있는 능력이 우리에게 전혀 없다는 사실은 무엇으로도 숨길 수 없다.

이런 경우 해결책은 치료가 아닌 처벌이다. 말로 타인을 지루하게 하는 사람들은 벌을 받아야 한다. 이것이 바로 몽테뉴가 주장한 극단적인 해결책이다. 몽테뉴는 '투머치토커'를 만나면 그에게서 도망치거나 벌금을 물리거나 둘 중 하나를 선택해야 한다고 주장하면서 이렇게 말했다. "당신은 작년 한 해 동안 무지하고 고집스러웠으니, 100에퀴(중세 시대부터 20세기 초까지 사용된 프랑스 화폐 단위—역주)를 스무 번 납부하는 벌금

형에 처한다."[19]

거만하게 굴며 혼잣말을 하고 상대를 지겹게 하는 이들을 피할 수 없다면, 벌금을 부과해야 한다. 우리 역시 혼잣말을 하고 다른 이들에게 쓸데없는 말을 한다면, 어리석음에 대한 벌금을 스스로 납부해야 할 것이다.

아무런 의미 없는 수다, 필시 모순에 빠질 수밖에 없는 논리, 또는 막내가 홍역에 걸렸다는 둥, 주차가 너무 힘들었다는 둥, 어떤 요금제가 유리하다는 둥, 어떤 습관은 좋지 않다는 둥 아무도 궁금해하지 않는 이야기들을 늘어놓는 대화는 금지하거나 처벌해야 한다. 몽테뉴는 그런 대화는 "말로 저지르는 범죄"이며 애매모호한 견해, 상투적 표현, 현학적 언사, 무가치한 말 역시 범죄로 취급해야 한다고 말했다. 그러면서 그는 "기대할 것도 얻을 것도 없는" 썩은 그루터기 같은 사람들이 존재한다고 꼬집었다.

말을 할 때는 자기 자신을 가장 엄격하게 돌아볼 수 있어야 한다. 즉 자신이 내뱉은 추잡한 말을 남들이 내뱉은 말보다 더 역겹게 느낄 줄 알아야 한다. 타인의 어떤 비판이든 받아들일 수 있어야 하고, 자신이 못마땅해하는 남들의 결점이 자신에게는 있지 않은지 스스로 돌아볼 수 있어야 한다. 타인과 대화를 할 때는 고집스러운 태도가 아닌 유연한 태도를 가져야 한다. 또한 누군가에게 따끔한 지적을 할 때도 우월한 태도를 드러내지 않고 재치 있게 표현할 수 있어야 한다. 그게 아니라면 침묵을 지키는 편이 낫다. 침묵은 우리를 더욱 현명한 사람으로 보이게 한다. 몽테뉴는 이렇게 말했다. "수많은 어리석은 사람들은 (중략) 냉정하고 과묵한 모습을 통해 지혜롭고 능력 있는 사람처럼 보이려고 했다."[20]

자녀, 친구, 가족에 대하여

○

　　부모들은 왜 공공장소(버스나 기차 안, 영화관, 식당 등)에서 자녀들을 훈육할 때, 마치 모든 이가 듣고 인생의 교훈을 깨우쳐야 한다는 듯이 큰 소리로 고함치듯 말을 할까? 그들은 자신들이 자녀들에게 하는 모든 훈계는 들을 만한 가치가 있으며, 그것을 공개적으로 행할 때 비로소 시민의 의무를 다하는 것이라고 굳게 믿는다. 또한 자신들에게는 '아이 없는 사람'에게는 없는 권위가 있다고 생각한다. 자녀를 훈육해야 하는 시민으로서의 사명이 있고, 차분한 말로는 그 사명을 다할 수 없다고 생각하는 것이다. 그렇기에 보란 듯이 사람들 앞에서 큰 소리로 훈육을 한다.

그런데 부모들과 아이들만이 아니라 때로는 온 가족이 우리의 평온한 삶을 방해하기도 한다. 실제로 데카르트는 가까운 사람들의 간섭을 극도로 꺼려서 툭하면 짐을 싸서 도망치듯 떠나 어딘가에 숨어 있곤 했다. 그러면서 그는 이렇게 한탄했다. "어쩔 수 없이 만나야 하는 많은 친구들과 가족들이 내 시간을 몽땅 빼앗아 가는 바람에 나의 행복인 학문에 도무지 집중을 할 수가 없다."[21] 그는 정신을 산란하게 하는 것은 친구들 역시 마찬가지라고 낙담했다.

이에 대한 해결책으로 몽테뉴는 "사랑이 물어뜯고 할퀴어 피 흘리는 것을 기꺼워하듯, 거칠고 단호한 관계를 기꺼워하는 우정을 키워야 한다"고 말했다.[22] 우정이든 사랑이든 혈투를 벌일 때 흥미로워진다. 감정에 치우친 관계는 지루하고 시시하다. 친구들에게 억지로 공감하려 하지 말고 갈등이 생기는 것을 두려워하지 말자. 친구들을 만나는 이유는 그들에게 동감을 표시하기 위해서가 아니라 함께 치열하게 논쟁하는 독특한 즐거움을 누리기 위해서다.

아동 교육에 대한 플라톤의 철학

어린아이들은 흔히 순수함의 상징으로 여겨진다. 그러나 그들에게는 오히려 말과 사회적 관습으로 완전히 통제되지 않는 잔혹성이 있다. 이는 "우리 안에 잠들어 있으며 우리가 제압할 수 없는 포식자를 떠오르게 한다".[23] 그것이 바로 부모들도 통제하지 못하는 아이들의 원초적인 포식성이다.

플라톤은 어린아이들의 교육을 공동체에 위탁해야 한다는 다소 극단적인 해결책을 제시했다. 그러면서 "전사들의 아내는 모두가 공유해야 하고, 어떤 여인도 특정한 남성과 함께 살아서는 안 되며, 아이들 역시 아버지는 자식을, 자식은 아버지를 알지 못하게 하여 모두가 공유해야 한다"고 주장했다. 이는 곧 어린아이들의 교육을 국가가 전적으로 책임진다는 의미이기도 하다.

하기야 교육은 부모에게만 맡기기에는 너무나 중요한 문제다. 플라톤은 이렇게 주장했다. "무슨 일이건 시작이 가장 중요하다. 특히 어리고 미숙한 아이들을 위한 것이라면 더욱더 그렇지 않겠는가."[24] 플라톤에 따르면 20~40세의 가임기 여성들은(남성의 경우는 55세까지) "필요 이상으로 오랫동안"

모유 수유를 해서는 안 되며, 자신들이 돌보는 아이가 누구의 아이인지 알려고 할 필요도 없다. 게다가 보육을 책임지는 공복들이 아이들을 성심성의껏 돌보기 때문에 여성들은 실질적으로 아이들을 돌볼 필요가 없다.

플라톤은 이처럼 사회적 결속을 강화하려면 가족제도가 폐지되어야 한다고 주장했다. 서로 다른 원칙에 따라 자녀를 교육하는 것이야말로 불화와 갈등을 불러일으키고 국가를 약화시키는 가장 큰 원인이라고 생각해서였다.

직장 생활에
대하여

○

우리는 직장에서 복종과 아첨, 순응 사이를 오가며 하루를 보낸다. 노동의 세계는 분명 법의 테두리 안에 있고 제도와 문화에 의해 문명화되었다고는 하지만, 그곳에는 여전히 자발적 복종이 존재한다. 실제로 우리는 그다지 정당하지 않다고 생각하는 노동 규범을 순순히 따르지 않는가. 임금 노동제는 하인이 주인에게 자신의 노동력을 빌려주는 노동 계약에서 시작되었다. 그 계약은 상호 합의로 이루어지고 기한이 정해져 있기 때문에 노동자의 자유가 보장된다. 그렇지만 어떤 의미에서 노동자의 인격은 구입하거나 임대할 수 있는 하나의 상품으로 전락하고 말았다. 기업의 노동 계약이 강제 노동을 금지하고 있다고는 하지만, 자발적 노예제의 형식이 완전히 사라지지 않은 것이 현실이다. 직장 생활에는 여전히 노예제도의 원형이 남아 있다. 우리는 노동을 파는 대가로 임금을 받는다. 또한 자신의 능력, 시간, 지식을 빌려주고 자기 개성의 일부를 억누르면서 조직에 동화되어 조직 전체가 '잘 굴러가는 데' 일조한다.

모든 직장인은 권력에 복종하는 동시에 일인자의 자리를 노리는 '권력의 추종자'다. 권력은 단순히 이분법적으로 지배자와 피지배자로 나뉘지 않는다. 모두가 권력을 손에 넣고 행사하기를 갈망하기에 구성원 모두가 권력을 떠받치는 데 기여한다. 프랑스 정치철학자 에티엔 드 라 보에시는 1576년에 집필한 《자발적 복종》에서 "우리 모두가 폭정의 옹호자"이며, "폭정은 권력자 단 한 사람에 의해 행사되는 것이 아니라, 전리품의 일부를 손에 넣기 위해 권력자 주위에 모여 그를 추종하는 부하, 복심, 아첨꾼에 의해 지속된다"고 지적했다.[25] 부당하고 무능한 권력이라 해도 쉽게 붕괴되지 않는 이유는 바로 권력을 향한 이인자의 이런 열망 때문이다. 우리는 모두

"눈과 귀를 활짝 열고" 주변의 눈치를 보며 자신이 가질 수 있는 권력의 몫을 갈망하는 작은 폭군이다. 결국 우리가 자발적으로 복종하는 이유는 우리도 언젠가 권력을 잡고 다른 사람을 지배하거나 통제하기를 갈망하기 때문이다.

극단적인 해결책과 온건한 해결책

마르크스는 노동계에서의 자발적 복종을 타파하기 위해 극단적인 해결책을 제시했다. 그는 계급적 분열과 노동 소외의 원인을 임금 노동으로 지목하면서 이를 폐지하자고 주장했다. 그래서 일각에서는 구소련의 공산주의는 마르크스가 주장한 계급도 임금도 없는 사회가 출현하기 전의 한 과정을 보여준 것이라고 평하기도 한다. 강제와 몰수를 통한 공산주의의 완벽한 실현이 과연 어떤 행복을 가져다줄지 가늠하기는 쉽지 않다. 한편 마르크스의 사위이자 프랑스에서 활동한 사회주의자 폴 라파르그는 "모든 개인적·사회적 불행은 노동에 대한 열정에서 비롯된다"고 주장하면서 게으름과 여가를 즐길 수 있고 노동 시간이 짧은(하루 대여섯 시간) 사회를 건설하자고 제안했다. 그러면서 그는 "인간은 타고난 본능으로 돌아가, 하찮은 '인권'보다 백 배 천 배는 더 고귀하고 신성한 '게으를 권리'를 선포해야 하며, (중략) 하루에 세 시간만 일하고 나머지 낮과 밤 시간에는 빈둥거리며 파티를 즐길 수 있어야 한다"고 강조했다.[26]

그러나 여가 생활마저도 결국에는 노동처럼 느껴질 수밖에 없다는 점에서 우리는 이런 해결책의 부작용을 날마다 경험한다. 우리는 뭐든 대충 해서는 아무것도 실현할 수 없다는 듯, 노동을 할 때처럼 모든 일에 성실해야 한다는 듯 여가 생활을 즐기려 한다. 여행도, 박물관에 가는 일도, 심심풀이 게임도 결국 잽싸게 해치워야 하는 노동이 되고 만다.

그래서 프랑스 외과의사 앙리 라보리는 이보다 온건한 해결책으로 도피를 제시했다. 그는 권력은 건강에 해롭기 때문에 멀리해야 한다면서 이렇게 말했다. "자신이 정상이라고 생각하는 대다수 사람들은 개인, 집단, 계층, 국가, 진영 등에 자신의 권력을 행사하고 싶어 한다. 그러나 그렇게 할 수 없을 때, 자신을 정상적인 상태로 유지할 수 있는 유일한 방법은 도피뿐이다." 실제로 신경의학은 "뇌하수체와 부신피질의 위험 징후가 오래 지속되어 발병하는 소위 '신경성' 질병이 권력에 지배당하는 사람, 권력을 차지하는 데 실패한 사람, 또는 권력을 위협받고 있으나 이를 지키려고 하는 사람에게서 관찰되는 질병"이라는 사실을 과학적으로 증명했다. 권력을 가지려 하거나 행사하려고 하는 모든 행동은 그 자체로 비정상이다. "위궤양, 성기능 장애, 고혈압을 비롯해 오늘날 매우 흔한 우울증으로 고통받으면서도 권력을 갈망하는 것이 어떻게 정상일 수 있겠는가." 그래서 앙리 라보리는 항구적이고 위협받지 않는 권력이란 불가능에 가까우므로, 정상적으로 건강한 삶을 영위하려면, 다시 말해 복종이라는 질병에도, 지배라는 질병에도 고통받지 않으려면, "더 높이 올라서려는 경쟁에서 멀리 도망치는 것만이 유일한 해결책"[27]이라고 역설했다.

파스칼은 신경과학이 등장하기 전, 그보다 수백 년 앞서 권력에 복종하지 않기 위한 사회적 전략을 제시했다. 바로 '드러내지 않는 속마음'이다. 파스칼은 속마음으로는 조금도 그렇게 생각하지 않지만, 겉으로는 위계질서를 존중하면서 내면적으로 권력에 저항할 수 있어야 한다고 주장했다. 복종이 강요되는 상황에서 스스로 자신의 자유를 지키고 싶다면, 정신이 아닌 무릎만을 굽히는 법을 알아야 한다. 우리는 우리를 지배하는 이들에게 그들이 본래 갖고 있지 않은 능력을 부여하며 그들을 스타나 우상으로 만든다. 그리고 이런 관행은 정치의 영역까지 확대되어 정치인들을 '셀럽'으로 만든다. 그러나 권력자들을 무조건적으로 우러러봐서는 안 된다. 이는 그들을 무시하라는 말이 아니라 그저 존중하라는 말이다. 즉 겉으로는 복종하되, 내적으로는 절대 굴복해서는 안 된다는 의미다.[28]

권력자에게 어쩔 수 없이 복종해야 한다면, 서열상 '우위에 있는 사람들'이 실제로 나보다 우월한 사람들이라고 생각하지 말고 나만의 '드러내지 않는 속마음'을 품고 있어야 한다. 권력과 거리를 두면서 권력에 맹목적이고 무의식적으로 복종하지 않기 위해 선택할 수 있는 최선의 해결책은 바로 '드러내지 않는 속마음'이다. 파스칼은 이렇게 말했다. "지배 계급의 사회적 권위에 우리는 존중을 표해야 한다. 즉 겉으로 드러나는 몇몇 법도를 따라야 한다. (중략) 그러나 우리가 그들에게 그런 예의를 표한다고 해서 그들을 진심으로 존경하는 것은 아니다. 왕 앞에서는 무릎을 꿇고 말하는 것이 예의다. (중략) 권력자에 대한 법도까지 거부하는 것은 어리석고 저급한 생각이다."[29] 한편 재능보다 신분 덕분에 높은 자리에 있는 사람들에게 존경을 표시하는 것 또한 경계해야 한다. "가장 좋은 가문의 여행자라고 해서 배의 조종을 맡길 수 있는 것은 아니기 때문이다."[30]

그리고
흥미로운
고통들

운동의
지나침에 대하여

○

　　운동은 우리의 종교나 마찬가지다. 운동에는 그것만의
신이 있고 전쟁이 있으며, 자기초월과 순수한 행복이라는 그
것만의 윤리가 있다. 실제로 운동을 하는 사람들에게서 우리
는 이런 말을 종종 듣는다. "오늘 내 한계까지 나를 밀어붙였
어. 그리고 한계를 뛰어넘었어!" "오베르뉴와 스코틀랜드가
붙는 경기가 있다고? 진짜 재밌겠다!" 우리는 훈련의 광신도
들이다. '존재한다'는 것은 곧 군살 없이 날렵하게 다듬어지고
가꾸어진 몸으로 '건강하게 존재한다'는 것을 의미한다. 게으
름, 물렁한 살, 늘어진 근육은 가장 큰 죄악이다. 엄청난 고행

의 실천이나 마찬가지인 운동을 하면서 우리는 꼿꼿하게 서서 탄탄한 근육이 잡힌 배와 튼튼한 심혈관계로 세상에 맞서려 한다.

그래서 육체 자체는 육체에 대한 우리의 숭배 뒤로 사라져버린다. 피가 도는 육체라기보다 강철같이 단단해진 육체는 나약함과 죽음을 맞을 수밖에 없는 운명에서 벗어나 불멸할 것처럼 보인다. 이제 육체는 부패할 수밖에 없는 다른 모든 생명체와 같은 것이 아니다. 훈련되고 한계를 초월하고 다듬어진 육체는 현실이 아닌 추상적인 관념에 가까워진다. 그러나 운동에 대한 지나친 집착을 경계해야 한다는 플라톤의 말을 새겨들을 필요가 있다. 그는 지나친 운동은 사회성을 망칠 수 있다고 경고했다.

우리가 따르는 운동의 규율은 우리의 정신력을 더욱 단단하게 만들어주고, 지구력과 끈기를 길러주는 신체 훈련은 용기와 아량을 키워준다. 그러나 운동 자체를 목적으로 삼고, 정화의식을 하듯 육체를 가꾸는 데만 집착하며 운동을 종교처럼 행하면, '지나치게 엄격하고 반사회적인' 사람이 될 수 있다. 다시 말해, 우리는 '이성적 사유의 혐오자'가 되어 더 이상 토론이나 논쟁을 하지 않고 극단적이고 단정적인 자신의 주장만을 내세우는 사람이 된다.

반대로 문화 예술 활동에 너무 많은 시간을 할애하면 우리의 정신은 나약해진다. 그런 활동들은 어떤 의미에서 근육 같은 것들을 영혼에서 앗아가 영혼을 '무기력한 전사'로 만들기 때문이다. 또한 지적 활동에만 몰두하는 사람은 '신경질적으로' 변하고, "사소한 이유로 흥분과 낙담을 하여 감정 기복이 심해진 지성은 짜증스럽고 조급한 기질로 변하면서 결국 아무것도 참을 수 없게 한다". 그러므로 '운동과 음악'은 조화롭게 균형을 이루어야 하며, 이 두 가지 활동을 적절하게 행할 수 있는 사람은 "더 큰 감수성을 지니고, 가장 완벽한 내면의 조화를 이룰 수 있다".[1]

플라톤은 질병이란 지성, 근육, 욕망 등 하나의 경향이나 권위가 모든 힘을 장악할 때 나타나는 것으로, 이는 한 사람에게 권력이 집중되는 폭정과 다르지 않다고 주장했다.

실제로 우리에게는 과도함에 대한 타고난 기질, 즉 절제든 쾌락이든 과잉에 이끌리는 성향이 있다. 플라톤은 이렇게 말했다. "우리 모두에게는 끔찍하고 야만적이며 타락한 유형의 욕망이 존재한다. (중략) 이는 우리 중에서 완벽하게 절제된 삶을 사는 사람들도 마찬가지다."[2]

정치적으로 볼 때, 모든 힘이 한곳으로 쏠리는 폭정의 현상은 특히 민주주의에서 두드러진다. 이 폭정은 젊은 세대에 대한 지나친 옹호와 '쿨한 태도'라는 두 가지 현상으로 나타난다. 그래서 플라톤은 이렇게 비판했다. "선생은 학생을 두려워하고 학생의 비위를 맞추려 하며, 학생은 선생을 무시한다. (중략) 젊은이들은 대체로 노련한 척하면서 말과 행동으로 노인들에게 대드는 반면, 젊은이들의 조롱에 지나치게 관대한 노인들은 젊은이들처럼 짓궂은 장난을 즐기면서 절대 우중충하고 독선적인 사람처럼 보이지 않으려 한다."[3] 민주주의 사회에서 독선적인 성향을 부추기는 운동의 과도함은 사람들 사이의 갈등을 더욱 심화시키는 요인이 될 수 있다.

나이듦에
대하여

○

사람들은 나이가 들면 자연스럽게 성숙해지고 지혜로워 진다고 생각하지만, 그것은 더 이상 비이성적인 행동을 하지 않기 때문에 생기는 결과일 뿐이다. 나이가 들면서 존경받는 이유는 더 이상 방탕하고 호전적이며 경솔하고 충동적인 행동을 하지 않기 때문이다. 그런데 젊은 시절의 나쁜 습관은 세월의 흐름에 따라 사라지는 것이 아니라 다른 모습으로 변화할 뿐이다. 그래서 몽테뉴는 노년의 나쁜 습관은 젊은 시절의 나쁜 습관보다 한없이 더 나쁘다고 지적했다. 나이듦은 무력하고 '핍진한' 육체로 인해 정신이 성마르고 날카로워지는, 일종의 질병이라고 말하면서 몽테뉴는 이렇게 한탄했다. "늙으면 더 탐욕스럽고 정의에 어긋나며 교활해진다. 그리고 얼굴보다 영혼에 더 많은 주름이 생긴다. 그렇게 거칠어지고 곰팡이가 슬지 않는 영혼은 존재하지 않거나 매우 희귀하다."[4]

젊음이 퇴색되면 즐거움과 열정도 사라져버린다. 그래서 나이가 들면 '지루한 수다'로 시간을 보내고, 미신적 습관을 따르고, 고집이 세지며, '어리석고 나약한' 자존심을 부리게 된다. 지나친 쾌활함은 지나친 진지함으로 바뀌고, 인생의 계절에 여름이 다시는 오지 않을 것처럼 모든 것이 더욱 둔탁해지고 차가워진다. "그때부터 우리는 지나치게 차분하고, 지나치게 굼뜨며, 지나치게 원숙해진다. 세월은 매일매일 우리에게 냉정함과 절제를 가르쳐준다." 모순적이게도 젊을 때와 마찬가지로 노년에도 육체는 우리의 생각과 우리의 모든 것을 사로잡는다. 젊은 시절의 육체가 온갖 방탕함을 열망했다면, 노년의 육체는 그 모든 것을 거부한다. 그러므로 산다는 것은 '무감각해질 정도로' 인내하고 절제하는 것일지도 모른다.

"나는 할 수 있는 한 저항한다."[5] 몽테뉴에 따르면, 나이가 들어가면서 우리를 퇴색시키는 곰팡이에 잠식되지 않을 수 있는 방법은 이것뿐이다. 삶이 무미건조해지는 노년기에는 기꺼이 온갖 탈선과 일탈을 즐기고, 진지하기보다 가벼운 태도를 견지하며 지혜가 아닌 열정을 키워야 한다. 몽테뉴는 "나는 일부러 약간의 방종에 빠지고, 때때로 내 영혼을 장난스럽고 혈기왕성한 생각들에 맡겨 쉴 수 있게 한다"고 말했다. 가벼움, 경쾌함, 약간의 쾌락. 이처럼 노년은 힘이 아니라 삶을 가볍게 대하는 태도로 맞설 수 있다.

또한 정신을 푸르게 하고 꽃을 피우려면 꿈을 꾸어야 한다. 별것 아닌 일에 즐거워하고 유희를 만끽하며 자기만의 '장난감'을 더 많이 만들면서 노년 특유의 괴팍한 성미를 죽이고, 그렇게 함으로써 욕심이 아닌 즐거움을 추구하기 위해 노력해야 한다. "나는 내가 만날 수 있는 가장 사소한 즐거움까지 꽉 움켜쥔다"[6]고 말한 몽테뉴처럼 말이다. 따라서 나이 듦에 저항하기 위해서는 '우두커니 고요하게' 살기보다 적극적이고 활발하게 살아야 하며, 절제가 아닌 욕구를 중시해야 한다.

육체와 영혼의
연결에 대하여

○

그는 모든 악덕과 재앙의 원흉이라며 비난받는다. 그의 냉정한 이성주의, 허망한 관념론 때문에 서구에서 육체가 무시되고 경시되어왔다고 말이다. 서구에서 이토록 비판받는 철학자는 바로 쾌락과 쾌감의 파괴자로 여겨지는 데카르트다. 그러나 사실 데카르트는 정신신체의학의 선구자다. 인간은 그저 순수한 정신으로만 이루어진, 육체의 무게에서 벗어나 물 위를 떠다니는 '코기토'가 아니며, '진정한' 인간은 육체와 정신이 긴밀하게 결합된 존재라고 주장한 철학자가 바로 데카르트이기 때문이다. 그는 또한 인간은 육체의 건강

상태에 크게 영향을 받기 때문에, 인간을 "더 현명하게 하는 것"[7]은 철학보다 의학이라고 역설했다. 인간은 단지 생각과 관념만으로 이루어진 존재가 아니라 열기와 열정으로 이루어진 존재라는 것이다. 영혼은 육체와 긴밀하게 연결되어 있어서 영혼이 육체가 느끼는 모든 것을 느끼고, 육체가 원하는 것을 원하며, 육체가 사랑하는 것을 사랑한다는 것은 어떤 면에서 영혼도 육체적이라는 것을 의미한다.

오로지 생각만 하는 영혼을 공간 안에 존재하는 육체, 즉 '연장된 실체'와 연결할 수 있는 것은 인간의 뇌 속에 존재하는 작은 내분비 기관 때문이다. 데카르트는 멜라토닌 분비를 통해 각성 및 수면 리듬을 관장하는 것으로 알려져 있으며 오늘날 솔방울샘으로 불리는 이 기관이 완전히 분리되어 있는 정신과 육체의 소통을 가능하게 한다고 믿었다. 인체를 해부하고 해부학 연구에 천착했던 데카르트는 솔방울샘을 일종의 전송 기관이라고 생각했다. 예컨대 얼얼한 추위나 벼락의 충격 등 육체가 경험하는 모든 것은 솔방울샘에 의해 영혼으로 전송된다. 그러면 영혼은 이 감각을 의지와 결심으로 표출한다. 육체와 정신, 그리고 솔방울샘이 있는 뇌는 일종의 회로를 형성하여 감각은 표상이 되고, 이는 곧 의지로, 결국에는 행동으로 표현된다.

인간은 전체적으로 육체와 정신이 연결되어 나타나는 하나의 현상이라 할 수 있다. 예컨대 곰을 보면(또는 사랑하는 이를 보면) 몸이 떨리고 체온이 올라가며 목이 탄다. 그러면 정신은 죽음, 사랑, 파괴를 떠올리고 도망치거나 맞서라고 명령한다. 열정, 사랑, 두려움, 용기, 비겁함은 육체가 느끼는 것에 영혼이 반응하는 것이다. 사랑의 열정에 빠졌을 때 육체는 영혼을 통해 사랑을 하고, 영혼은 육체가 원하는 것을 원한다.

그런데 육체와 영혼의 모든 상호 작용에는 그것을 해체하고 다시 설정할 수 있다는 장점이 있다. 열정이든, 비겁함이든, 사랑이든, 그것을 억제하는 것은 의지만으로 이루어지지 않는다. 더 이상 사랑하지 않겠다거나 더 이상 두려워하지 않겠다는 결심은 아무런 소용이 없다. 그 대신, 우리는 어떤 성향이나 특성을 다른 것으로 대체하면서 감정을 억제하는 훈련을 시도해볼 수 있다. 예컨대 평소에 누군가를 볼 때 나의 육체가 무슨 일이 있어도 그를 사랑하라고 내 영혼에 명령하더라도, 그를 더 이상 사랑하지 않기로 결심했다면 그 사람을 볼 때 사랑의 열정 대신 자유로워지고 싶다는 마음과 헤어질 결심을 머릿속에 떠올리는 것이다. 데카르트는 이렇게 말했다. "각 의지는 솔방울샘의 운동과 자연적으로 결합되어 있지만, (중략) 노력이나 습관을 통해 의지를 다른 운동과 결합시킬 수 있다."[8] 그렇다면 이제부터 두려움을 느낄 때는 회피가 아닌 용기를 머릿속에 떠올리는 연습을 해보는 것은 어떨까?

열정은 이성으로 통제되지 않는다. 다만 재설정될 수 있을 뿐이다. 따라서 우리는 의지력이 아닌 훈련을 통해 변할 수 있다. 열정과 욕망을 통제하고 싶다면 조련사가 개를 훈련시키듯 반사적 행동을 다른 행동으로 대체할 수 있어야 한다. 아무리 거창한 말이나 의지력도 중독과 열정을 억제할 수는 없다. 이에 대한 유일한 치료법은 본래의 습관을 다른 습관으로 바꿀 수 있는 힘이다. 그래서 데카르트는 말했다. "이성이 없는 동물의 뇌 활동을 약간의 훈련으로 변화시킬 수 있다면, 인간의 뇌 활동은 훈련을 통해 더욱 쉽게 변화시킬 수 있음이 분명하다. 또한 가장 나약한 정신을 가진 사람이라도 충분한 훈련을 통해 정신을 단련하고 강화한다면, 모든 열정에 대해 매우 강한 통제력을 갖게 될 것이다."[9]

소소한 쾌락에
대하여

○

쾌락에는 왜 죄책감이 뒤따를까? 갈증과 허기를 달래는
것은 지극히 자연스럽고 정상적인 것으로 여기면서 기쁨, 웃
음, 쾌락을 추구하는 것에는 왜 그토록 죄책감을 느끼는 것일
까? 스피노자는 쾌락을 죄악시하는 것은 육체와 정신을 무력
하게 한다고 주장했다. 미덕은 결코 눈물에서 나오지 않으며,
지혜는 결코 검약을 요구하지 않는다. 그래서 스피노자는 이
렇게 말했다. "현명한 사람은 기분 전환을 하고 다시 힘을 얻
기 위해 맛있는 음식과 음료를 적당하게 먹고 마신다. 또한 향
수를 뿌리고, 초록 식물을 키우고, 옷치장을 하고, 음악을 즐

기고, 몸을 쓰는 유희를 즐기며, 공연을 보고, 그 밖에 이와 비슷한 일들을 즐겨 한다. 이것은 모두 타인에게 어떤 해도 끼치지 않고 즐길 수 있는 것들이다."

초록 식물, 옷치장, 향수…. 프랑스 시인 보들레르 역시 감각적 즐거움에 대해 이렇게 노래했다. "세월에 닦여 반질거리는 가구들로 우리의 방을 장식하리라. 진귀한 꽃들, 향긋한 냄새, 용연향의 어렴풋한 냄새가 어우러지고 호화로운 천장, 그윽한 거울, 동방의 찬란함, 그 모든 것이 말해주리라. 내 영혼에 은밀하게 다정한 그대의 모국어를. 그곳에서 모든 것은 질서와 아름다움, 사치와 적막, 그리고 쾌락일 뿐."[10]

쾌락은 행복의 언어로 우리에게 말을 건다. 행복의 언어란 정신의 사유와 육체의 행동이 조화롭게 어우러진 삶의 언어라 할 수 있다. 웃음은 우리가 능히 할 수 있고 추구해야 하는 순수한 쾌락을 완벽하게 보여준다.

먹는 것에
대하어

○

우리가 먹는 음식은 우리의 생각에도 영향을 미친다. 지적 영역에도 탐식가, 거식증 환자, 가짜 미식가, 진정한 식도락가가 존재한다. 지식은 음식과 같아서 지식에도 그것만의 이로움과 해로움이 있다. 프랑스어의 '교육한다(éduquer)'는 단어는 '인도한다'는 의미의 라틴어 '에듀케레(educere)'와 '젖을 주어 키운다'는 의미의 '에데레(edere)'에 어원을 두고 있다. 우리는 지성을 위한 식단을 고려해야 한다. 육체에 해로운 지방과 당분을 피하듯, 정신에 해를 끼치는 지나치게 단조롭고 보편적이거나 지나치게 거만하고 가식적인 논리를 멀리해야

그리고
홍미로운 고통들

한다.

　　파스칼이 육체의 건강을 위해 지켰던 소박한 식단은 그가 지적 건강의 기준으로 삼았던 절제와 정신적 자유를 그대로 보여준다. 그의 누이가 전하기로, 파스칼은 뜨겁지 않은 국물만 먹었고, 그마저도 아주 조금씩만 먹었다고 한다.[11] 또한 그는 당나귀에서 짠 우유와 식힌 수프를 주식으로 삼았다고 한다.[12] 파스칼은 지적 영역에서 무겁고 사색적인 것은 사실 "실체"[13]가 없으며, 오히려 가벼운 것이 대개 가장 심오한 것이 될 수 있다고 말했다.

　　파스칼은 "철학을 무시하는 것이야말로 진정으로 철학을 하는 것"이라고 말했다.[14] 아이러니와 웃음이 그저 진지한 태도보다 더 깊고 섬세한 통찰을 가능하게 한다는 것이다. 하물며 신도 유머와 조롱을 통해 교훈이나 진리를 드러내지 않는가.[15]

　　음식이든 생각이든 적은 양에 만족하며 이를 자신의 것으로 만들고, 오로지 자신의 판단을 믿을 수 있어야 한다. 또한 모든 것을 덥석 삼키고 감탄하기보다는 천천히 음미하고 이로운 것과 해로운 것을 분간할 수 있어야 한다. 타인의 생각에 무조건 동의하고 지적 허영을 드러내기보다, 필요하다면 타인의 생각을 거부하고 조롱할 수 있을 때 지성에 가까워질 수 있다.

진정한 교양을 갖춘 사람이란 교양을 무조건 옹호하는 대신, 필요할 때 그것을 조롱할 줄 아는 사람이다. 또한 우상을 숭배하지 않으며 외부의 영향에 휘둘리지 않고 독자적인 사고를 하는 사람이다. 우리가 흔히 접하는 문화적 지식이나 정보는 우리의 정신을 풍요롭게 하기는커녕 우리의 정신을 피상적인 것으로만 가득 채워서 오만이나 자기만족에 빠지게 할 뿐이다.

현재의 행복에
대하여

○

　행복의 비결은 멀리 있지 않았다. 수 세기의 방황, 수천 년의 좌절 끝에 사람들은 마침내 행복에 이르는 길을 발견했다. 바로 현재를 사는 것이다. 단순하고 가볍게 지금, 여기, 이 순간에 온전히 몰두하는 것이다. 행복은 눈앞의 현재 시간에 있었는데도 우리는 그것을 알지 못했다. 행복은 금욕도 과잉도 필요로 하지 않으며, 모든 것은 단지 '지금'에 있을 뿐이다. 나와 지금 이 순간만이 있을 뿐, 다른 것은 아무것도 없다. 사실 우리가 행복으로 여기고 머무르고 싶어 하는 현재는 시간을 초월한다. 그 순간에 우리는 그 현재가 시간의 흐름에서 벗어나 영원하기를 바란다.

　　그런데 니체는 눈앞에서 또는 주변에서 무슨 일이 벌어지는지 신경 쓰지 않는 이런 현재의 행복을 동물의 행복이라고 비판했다. "저 앞에서 풀을 뜯어 먹고 있는 가축 떼를 보라. 그들은 어제가 뭔지, 오늘이 뭔지 모른 채, 그저 이리저리 뛰어다니고 먹고 쉬고 되새김질을 한다. (중략) 현재의 순간이라는 말뚝에 묶여 (중략) 즐거움에 몰두한 가축 떼는 그래서 우울함도 권태도 느끼지 않는다."[16] 동물이 말을 할 수 있었다면 이렇게 말했을 것이다. "아, 정말 행복하다!" 시간의 흐름이 멈추어 이 행복이 영원히 지속되기를 바랄 때 우리도 이렇게 말하지 않는가. "아, 정말 행복하다!"

　　더 이상 아무런 기대나 의지를 가질 필요가 없다는 듯 현재의 순간에 완전히 몰두하는 행복은 편안해 보이지만 '풀을 뜯어 먹는 가축 떼'의 허망한 행복이다. 인간은 절대로 현재를, 순간만을 살지 못하고, 언제나 미래와 과거를 살아가기 때문이다. 다시 말해, 인간은 과거의 행복했던 순간을 그리워하고, 미래에 올 행복을 기대하며 살아간다. 그래서 현재는 언제나 희망과 후회로 가득할 수밖에 없다.

그리고
흥미로운 고통들

어른이 되는 것에
대하여

○

삶은 거저 살아지지 않는다. 우리는 어릴 때부터 시련
에 직면해야 하며, 이를 이겨내기 위해 나름의 무기를 마련
한다. 애착 인형 같은 무기 말이다. 정신분석학자 도널드 위
니컷은 이렇게 말했다. "현실을 받아들이는 것은 끝나지 않는
숙제 같은 것이며 어떤 인간도 내면의 현실과 외부의 현실 사
이에서 발생하는 긴장감에서 자유로울 수 없다. 이때 그 긴장
감을 덜어주는 완충제 역할을 해주는 것이 '중간현상'이라 불
리는 제3지대, 즉 예술과 종교 등으로 창출되는 경험의 영역
이다."[17]

차가운 현실 세계로의 추락을 완충해주기 위해 문화가 우리에게 제공하는 다양한 수단으로 이루어진 이 지대는 아동을 위한 놀이와 비슷한 어른의 놀이를 할 수 있는 공간이다. 그 다정한 세계에서 우리는 자신을 잊어버리고 온 정신을 기울여 몰두한다. 아동의 놀이든, 어른의 놀이든 놀 수 있는 능력은 삶을 보다 살 만하게 만들어주고, 현실을 보다 긍정적으로 바라볼 수 있게 해준다.

　　어른이 되었다는 것은 현실을, 다시 말해 좌절을 받아들이는 법을 배웠다는 것을 의미한다. 위니컷에 따르면, 이런 현실과의 타협은 유아기, 즉 0세에서 4세 사이에 일어난다. 쾌락 원리(언제든 먹을 수 있는 어머니의 젖)에서 현실 원리(어머니는 자신과 분리된 존재라는 인식)로 넘어가는 이 과도기에 아동은 자신이 원하는 것을 다 가질 수 없으며 세상이 자신의 뜻대로 움직이지 않는다는 사실을 받아들이는 법을 연습한다. 그러면서 아동은 주관적 전능의 세계에서 현실의 세계로 발을 들인다. 그리고 이 시련을 겪을 때, 자신을 지켜줄 아군인 '중간 대상'을 만든다. 이 시기에 아동은 부드러운 천 인형 같은 물건(애착 인형)에 애착을 갖고 그것을 통해 엄마의 부재로 인한 상실감을 달래며, 현실이 자기 뜻대로 되지 않는다는 좌절감을 위로받는다.

이처럼 아동은 엄마의 부재와 존재, 엄마 없이 살아갈 수 없다는 두려움과 그럼에도 생존할 수 있는 능력을 놀이로 배우면서 자란다. 놀이를 할 수 있는 이 '과도기적 상태'에서는 자신의 욕망을 뜻대로 충족하지 못하더라도 현실을 위협으로 받아들이지 않는다. 단, 여기서 말하는 놀이란 단순히 보드 게임 같은 놀이가 아니라, 공허함과 적막감을 달래며 '내적 붕괴'의 두려움을 떨쳐버릴 수 있는 무언가를 발명하고 창조하고 상상하고 고안하는 놀이이다. 아동은 놀이와 애착 인형을 통해 유아기 때 엄마에 대한 절대적 의존에서 벗어나 온전히 독립된 인격체로 거듭난다.

어른이 된다는 것은 이렇듯 "다른 누군가와 함께하면서도 홀로 존재할 수 있는 능력"[18]을 갖게 되는 것이다. 이는 자신이 존재하고 있다는 사실을 스스로 확신할 수 있으며, 자신의 불평이나 요구를 들어주지 않는 세상의 무관심에 상처받지 않는 능력이다. 이는 곧, 스스로 자기만의 세계를 창조하고 자기만의 현실을 만들어내는 능력이다.

영화에
대하여

○

철학은 영화를 무시해서는 안 된다. 삶의 중대한 문제에 대한 가장 적절한 해답이 바로 영화 속에 있기 때문이다. 미국 철학자 스탠리 카벨에 따르면, 가장 훌륭한 인생의 교훈을 제시하고 세상과 타인과 자기 자신을 이해하는 우리의 능력에 대한 의심과 회의를 극복하게 해주는 것이 바로 영화다.

대중적인 것과 엘리트적인 것을 모두 아우르는 영화는 경험, 대화, 해결책, 교훈의 보고다. 영화는 우리의 삶을 스크린으로 옮겨와 보여줌으로써 삶의 깊은 의미와 숨겨진 진실을 발견할 수 있게 해주고, 삶의 복잡한 문제들과 모순을 이해

그리고
흥미로운 고통들

할 수 있게 해준다.

우리는 우리 자신의 삶을 관객으로서 바라볼 수 없지만, 영화를 통해 타인의 삶을 관찰하는 특권을 누릴 수 있다. 가벼운 코미디 영화에서부터 진지한 예술 영화에 이르기까지, 영화는 우리가 살아가는 세상과 그 속에서 맺는 타인과의 관계를 더 깊이 이해할 수 있게 해준다. 영화를 통해 우리는 우리가 느끼고 경험하는 것을 인식하고 타인들과 함께 공감한다. 그렇게 영화는 우리를 더 나은 사람으로 만들어준다.

이것이 바로 스탠리 카벨이 주장한 도덕적 완벽주의의 의미다. 그는 "완벽주의란 일종의 도덕적 성찰로, 더 나은 인간이 되기 위한 끊임없는 노력이며, 그저 세상의 기준에 따르는 것이 아니라 스스로 자신의 내면에 있는 선함을 탐구하고 성취하는 것"이라고 말했다.[19] 다시 말해, 그가 말한 완벽주의는 아직 실현되지 않았으나 언젠가 실현될 수 있는 이상을 향한 여정이다. 우리 내면의 선함을 시각적으로 보여주고 이를 현실에서 실천할 수 있도록 우리를 격려하는 것이 바로 영화의 미덕이다.

삶은 살아볼 만한 것이고, 언젠가는 행복해질 수 있으

며, 다시 사랑할 수 있다는 희망을 얻고 싶다면 영화를 봐야

한다. 영화는 의심하고 회의하라고 말하는 철학과 달리, 보다

긍정적인 방식으로 다시금 삶의 희망을 북돋아준다.

동물에
대하여

○

1889년 1월 3일, 이탈리아 토리노의 카를로 알베르토 광장에서 마부에게 채찍질당하는 말을 보고 니체가 울부짖으며 달려가 말의 목을 감싸 안고 눈물을 흘렸다는 유명한 일화가 있다. 그것은 단순한 광기였을까, 아니면 그의 철학이었을까? 아마도 니체의 철학에서 비롯된 행동이었을 것이다. 동물을 대하는 태도에서 인간의 가장 본질적인 도덕심이 드러난다고 주장했던 그였기 때문이다. 니체는 동물을 대하는 태도에서 우리의 인간성 또는 비인간성이 드러난다고 믿었다.[20] 따라서 인간이 아무런 제재 없이 동물에게 고통을 가하는 것은 도덕적으로 용서받을 수 없는 행위다.

　동물이 감정 없는 기계가 아니라면, 동물은 학대당해서는 안 된다. 또한 인간의 감정이나 욕망을 투영한, 털이나 깃털이 있는 인간의 부속물로 취급되어서도 안 된다. 동물은 1만 7천 년 전부터 존재해왔고, 적어도 수천 년 전부터 인류가 만든 이 특별한 사회의 구성원으로서 공존해왔다. 비록 인간이 동물과 같은 언어를 사용하지 않는다고 해도, 인간은 동물과 보살핌, 교육, 애착의 관계를 맺는다. 동물과 유대 관계를 맺는 인간에게는 동물에 대한 책임이 부여된다. 인간과 동물 사이에는 일종의 암묵적 계약이 존재한다. "인간은 동물의 생명을 위협할 정도로 동물을 학대해서는 안 된다. (중략) 사육이란 (천적과 질병으로부터) 동물을 보호하고 먹이를 제공하며 번식을 보장하는 것을 의미한다. 동물을 사육하는 사람에게는 동물을 돌보는 것뿐만 아니라 동물의 권리, 즉 안전, 건강, 생존, 번식에 대한 권리를 지켜주어야 할 의무가 있다."[21]

　감수성, 감정, 공감만으로 인간과 동물 간의 도덕적 관계를 정의하고 확립하기는 쉽지 않다. 고통을 느낄 수 있고 행복한 삶을 갈망하는 존재에게[22] 고통을 주는 것은 도덕적으로 비난받아 마땅하다고 주장하는, 감정에 바탕을 둔 도덕적 접근 방식에는 분명한 한계가 있다. 실제로 우리는 모기나 지렁이보다는 포유류에게, 닭장에 있는 닭들보다는 반려동물에게, 심지어 다른 종보다 더 귀엽고 아름답게 보이는 특정 동물의 복지에 더 많은 관심을 가지지 않는가. 이는 감정에 따른 도덕이 보편적이고 객관적인 도덕적 의무가 되지 못한다는 것을 보여준다. 동물에 대한 객관적인 도덕이 없다면, 인간은 자신의 이익이나 특정한 예외 상황을 내세워 동물에 대한 책임과 의무를 회피하려 들 것이다. 감정은 도덕에서 중요한 역할을 할 수는 있지만, 감정만으로는 명령을 하고 강제력이 있는 실효성 있는 도덕적 규범을 확립할 수 없다.

17세기 서양에서는 여러 철학자들이 정치를 재고하고 그 기반이 어떻게 형성되는지를 규명하려 했다. 그들은 이를 위해 사회생활의 근간으로 사회계약설이라는 이론을 만들어 냈고, 이 계약의 성격에 따라 공정하다고 여겨지는 정치의 원칙을 세웠다. 마찬가지로 오늘날에는 인간과 동물 간의 상호적 책임과 의무, 존중의 원칙을 규정하는 일종의 사회계약이 필요하다. 이 구체적이고 객관적인 계약이 존재할 때 사람과 동물 모두 평화롭고 존엄한 삶을 누릴 수 있을 것이다.

인간과 동물을 구분하지 않는 것도, 이 둘을 대립시키는 것도 인류의 도덕 수준을 높여주지 못한다. 파스칼은 그 이유를 이렇게 설명했다. "인간에게 그의 위대한 면을 보여주지 않고 그가 동물과 얼마나 비슷한지를 보여주는 것은 위험한 일이다. 그러나 인간에게 인간의 비천함을 보여주지 않고 그의 위대함만을 보여주는 것 또한 위험하다. 인간이 이 두 가지 측면을 전부 무시하도록 내버려두는 것은 더더욱 위험하다. 반면 인간에게 이 두 가지 측면을 깊이 생각하게 하는 것은 매우 유익한 일이다."[23]

그리고
흥미로운 고통들

"La philosophie est-elle donc utile dans la vie?"

"évidemment, la philosophie est utile."

주

머리말

1   John Donne, *Poèmes sacrés et profane*s, Paris, Rivages, 2006.

2   Porphyre, *Lettre à Marcella*, Paris, Belles Lettres, 1982, p. 124.

이 책의 사용 설명서

1   Le titre donné à ce livre en français *Traité du désespoir* est donc
    en réalité un contre-sens, puisque Kierkegaard entend traiter de
    l'espoir.

2   《L'homme n'est rien d'autre que [son] âme》, Platon, *Alcibiade*,
    130c, dans *Œuvres complètes*, Paris, Gallimard, 《Bibliothèque de la
    Pléiade》, tome I, 1950, p. 242.

3   Augustin, *Confessions*, X, 17, dans *Œuvres*, Paris, Gallimard,

《Bibliothèque de la Pléiade》, 1998, tome I, p. 998.

4 상동. IV, 9, 13.

5 Platon, *Gorgias*, 500c, dans *Œuvres complètes, op. cit.*, p. 451.

6 Descartes à Élisabeth, 3 novembre 1645, dans *Œuvres complètes*, C. Adam et P. Tannery (ed.), Paris, Vrin, 1996, tome IV, p. 334 (abrégé par la suite [AT], suivi du tome et de la page).

7 Descartes, *Discours de la methode*, AT VI, 24-25.

8 Maurice Merleau-Ponty, *Sens et Non-Sens*, Paris, Nagel, 1966, p. 66.

9 Platon, *Gorgias,* 521e, *op. cit.*, p. 481-482.

10 Platon, *La République,* 515a, *op. cit.*, p. 1102.

11 Antonin Artaud, Lettre à Jean Paulhan, 25 janvier 1936, dans *Œuvres complètes,* Paris, Gallimard, 1956-1994, tome V, p. 207.

12 Antonin Artaud, 《Le théâtre et la peste》 dans *Le Théâtre et son double,* Paris, Gallimard, 《Folio》, 1938, p. 47.

13 상동. 《Le théâtre de la cruauté》, p. 144.

14 Georges Canguilhem, *Études d'histoire et de philosophie des sciences*, Paris, Vrin, 2002, p. 366.

PART 01. 육체의 고통

1 Sauf peut-être Montaigne dans ses *Essais*.

2 Platon, *Parménide*, 130c-d, dans *Œuvres complètes, op. cit.*, tome II, p. 198.

3 Emmanuel Levinas, *Éthique et infini*, Paris, Fayard, 1982, p. 91.

4 Jacques Derrida, *L'animal que donc je suis*, Paris, Galilée, 2006, p. 18-28.

5 La Rochefoucauld, *Maximes*, 26, dans *Moralistes du XVII^é siécle*,

Paris, Robert Laffont, 《Bouquins》, 1992, p. 137.

6 Épicure, *Lettre à Ménécée*, 124, Paris, Puf, 1987, p. 219.

7 Horace, *Odes*, I, II.

8 Albert Camus, *Noces*, Paris, Gallimard, 《Folio》, 1959, p. 29.

9 Pascal, *Pensées*, Ph. Sellier (éd.), Paris, Livre de Poche, 2000, fragment 197.

10 Montaigne, *Essais*, III, 4, Paris, Gallimard, 《Quarto》, 2009, p. 1005.

11 상동.

12 Albert Camus, *Noces, op. cit.*

13 Formule du chirurgien René Leriche, cité par Canguilhem. La santé est ainsi, commente Canguilhem, 《l'inconscience où le sujet est de son corps, tandis que la conscience du corps est donnée dans les sentiments des limites, des menaces, des obstacles à la santé》, Georges Canguilhem, *Le Normal et le Pathologique*, Paris, Puf, 《Quadrige》, 2010, p. 52.

14 Jean-Marie Guyau, *Esquisse d'une morale sans obligation ni sanction*, Paris, Allia, 2008, p. 24-26.

15 Ivan Illich, *Némésis médicale. L'Expropriation de la santé*, dans *Œuvres complètes*, volume 1, Paris, Fayard, 2003, p. 586 ; 615.

16 Aristote, *Rhétorique*, 1406b.

17 Susan Sontag, *La Maladie comme métaphore*, Paris, Christian Bourgois, 2009.

18 상동.

19 Descartes, *Méditations*, Méditation VI, AT IX, 60.

20 Jan Patočka, *Essais hérétiques*, Paris, Verdier, 2007, p. 144.

21 Paul Ricœur, 《La souffrance n'est pas la douleur》, *Psychiatrie française*, 1992.

22 Ronsard, *Derniers vers*, Paris, Flammarion, 《GF》, 1999.

23 상동.

24 Simone de Beauvoir, *La Force des choses*, Paris, Gallimard, 1963, p. 505.

25 Simone de Beauvoir, *La Vieillesse*, Paris, Gallimard, 1970, p. 565.

26 Maurice Merleau-Ponty, *Sens et Non-Sens, op. cit.*, p. 50-51.

27 상동.

28 Hannah Arendt, *Condition de l'homme moderne*, Paris, Pocket, 1983,

29 상동.

30 Jean Esquirol, *Traité des maladies mentales*, 《De la lypémanie ou mélancolie》, Paris, Hachette, 1838, p. 113.

31 Chrysippe, *Athen.*, XI, 464d ; *Stoicorum Veterum Fragmenta*, Leipzig, 1903-1924 (SVF), III 667.

32 Racine, *Phèdre*, II, v.

33 Voir les analyses d'Antonio Damasio dans *L'Erreur de Descartes*, Paris, Odile Jacob, 1995.

34 Aristote, *Éthique à Nicomaque*, 104a, Paris, Flammarion, 《GF》, 1965, p. 98.

35 Shakespeare, *Le Roi Lear*, II, iv.

36 Sénèque, *De la colère*, I, IX, 2-3, Paris, Rivages, 2014, p. 36.

37 상동, II, 3.

38 Sénèque, *Lettres à Lucilius*, Paris, Belles Lettres, 1992, Livres XIX-XX, Lettre 116.

39 상동.

40 Schopenhauer, *Le Monde comme volonté et comme représentation*, tome I, Paris, Gallimard, 《Folio》, 2009, p. 604.

41 La Boétie, *Discours de la servitude volontaire*, Paris, Flammarion, 《GF》, 2015, p. 171.

42 Platon, *Gorgias*, 492b-d ; 494c, Paris, Flammarion, 《GF》, 1987, p. 229 ; 234.

43 Schopenhauer, *Aphorismes sur la sagesse dans la vie*, Paris, Puf, 1998, p. 100-111.

44 Spinoza, *Éthique*, IV, scolie du corollaire II de la proposition 45, dans *Œuvres*, trad. Ch. Appuhn, Paris, Flammarion, 《GF》, tome III, 1993.

45 Camus, *Noces, op. cit.*, p. 14 ; p. 183.

46 Avital Ronell, *Stupidity*, Paris, Seuil, 2008, p. 76.

47 Platon, *La République*, 514a-517a, dans *Œuvres complètes, op. cit.*, p. 1101-1104.

48 Kant, *Critique de la raison pure*, 《Discipline de la raison pure》, dans *Œuvres philosophiques*, Paris, Gallimard, 《Bibliotèque de la Pléiade》, 1980, tome I, p. 1298 : 《Dans la philosophie, la définition, comme distinction proportionnée, doit plutôt terminer l'œuvre que la commencer.》

49 Descartes, *Discours de la méthode*, AT VI, 18-19.

PART 02. 영혼의 고통

1 Platon, Philèbe, 22a-c, dans Œuvres complètes, op. cit., p. 564.

2 Maurice Merleau-Ponty, Phénoménologie de la perception, I, chap. vi, Paris, Gallimard, 《Folio》, 1945, p. 221.

3 Sur la notion de bricolage, voir Claude Lévi-Strauss, *La Pensée sauvage*, Paris, Plon, 1960, p. 27.

4 La vie demande ainsi de parier, de choisir qui l'on veut être : 《Oui, mais il faut parier. Cela n'est pas volontaire, vous êtes embarqué. Lequel prendrez-vous donc? Voyons. Puisqu'il faut choisir, voyons ce qui vous interésse le moins》, Pascal, *Pensées*, *op. cit.*, fragment 680.

5 Sartre, *L'existentialisme est un humanisme*, Paris, Gallimard, 《Folio》, 2002, p. 52. Sartre critique ensuite cette position.

6 상동.

7 Leibniz, *Sämtliche Schriften und Briefe*, Berlin, Akademie-Ausgabe, vol. VI, 3, 1981, p. 378.

8 Montaigne, *Essais*, III, 9, *op. cit.*, p. 1150.

9 Maurice Blondel, *L'Action*, Paris, Puf, 1993, p. 18.

10 《Il n'est pas de héros pour son valet de chambre ; non point parce que le premier n'est pas un héros, mais parce que le second est⋯ le valet de chambre, auquel le premier a affaire non en tant que héros, mais comme quelqu'un qui mange, boît, s'habille, etc., bref, est pris dans la singularité du besoin et de la représentation》, Hegel, *Phénoménologie de l'Esprit*, VI, 《La conviction morale, la belle âme, le Mal et son pardon》, Paris, Aubier, 1991, p. 438.

11 Raymond Queneau, *Zazie dans le métro*, Paris, Gallimard, 《Folio》, 1939, p. 90.

12 Proust, *À la recherche du temps perdu, Le Temps retrouvé, op. cit.*, chap. iii.

13 Nietzsche, *Le Gai Savoir*, § 295, Paris, Flammarion, 《GF》, 2000, p. 241-242.

14 Augustin, *Confessions*, VIII, 6, *op. cit.*, p. 936.

15 상동, II, 7, 14, p. 813. 《[…] faute de pouvoir réel, [j']imite, tel un captif, un acte libre -liberté de manchot ! 》

16 Platon, *Les Lois*, 627a, dans *Œuvres complètes, op. cit.*, p. 638.

17 Jon Elster, *Le Laboureur et ses enfants*, Paris, Minuit, 1986, p. 101.

18 Pascal, *Pensées, op. cit.*, fragment 661.

19 Freud, *Psychopathologie de la vie quotidienne*, Paris, Payot, 2004, XII, 3.

20 Spinoza, *Éthique, op. cit.*, III, proposition 59, scolie.

21 Spinoza, *Traité théologico-politique, op. cit.*, Préface, § 1 à 6.

22 Spinoza, *Éthique, op. cit.,* IV, proposition 67.

23 Hayneuve, *L'Ordre de la vie et des mœurs*, 1639, t. I, p. 325 ; 《L'amour est l'unique passion qui nous agite》, Senault, *De l'usage des passions,* 1641, p. 27.

24 Kant, *Anthropologie*, § 80 ; 81, Paris, Flammarion, 《GF》, 1993, p. 237.

25 Kant, *Leçons d'éthique*, Paris, Livre de Poche, 1997, p. 289.

26 Platon, *Phèdre*, 241d, dans *Œuvres complètes, op. cit.*, p. 28.

27 La Fontaine, *Fables*, 《Les deux Pigeons》, livre IX, 2.

28 Lucrèce, *De natura rerum*, livre IV, Paris, Flammarion, 《GF》, 1964, p. 145-148.

29 상동.

30 Marx, *Critique de la philosophie du droit de Hegel*, dans *Philosophie, op. cit.*, p. 90.

31 Marx, *L'Idéologie allemande, dans Philosophie, op. cit.*, p. 299.

32 상동.

33 Hans Blumenberg, *La Description de l'homme*, Paris, Cerf, 2011, p. 583.

34 Hans Blumenberg, *La Raison du mythe*, Paris, Gallimard, 2005.

35 Hans Blumenberg, 《Anthropologische Annäherung an die Aktualität der Rhetorik》, *Wirklichkeiten, in denen wir leben*, Stuttgart, 1993, p. 115.

36 Baudelaire, *Les Fleurs du mal*, 《L'horloge》.

37 Montaigne, *Essais,* III, 13, *op. cit.*, p. 1336-1342.

38 Sénèque, *De la tranquillité de l'âme*, II, 10, Paris, Flammarion, 《GF》, 2003, p. 137.

39 Baudelaire, *Les Fleurs du mal*, 《Spleen》.

40 Évagre le Pontique, *Traité pratique ou le moine*, Paris, Cerf, 1971, tome II, chap. xii.

41 Évagre le Pontique *De octo spiritibus malitiæ*, chap. xiv.

42 Descartes, Lettre à Chanut, 6 juin 1647, dans *Œuvres philosophiques*, textes présentés, établis et annotés par F. Alquié, Paris, Garnier, 1989, t. III, p. 741-742.

43 Descartes, *Traité des Passions*, article 211. Voir Pascal, *Pensées, op. cit.*, fragment 461.

44 Marcel Proust, *À la recherche du temps perdu, Un amour de Swann*, Paris, Gallimard, 《Bibliothèque de la Pléiade》, Paris, 1987,

p. 375.

45 Freud, *Le Malaise dans la civilisation*, Paris, Seuil, 《Points Essais》, 2010, p. 119.

46 Norbert Elias, *La Civilisation des mœurs*, Paris, Pocket, 《Agora》, 2003, p. 313.

47 Kant, *Métaphysique des mœurs*, II, 《Doctrine de la vertu》, 2ᵉ section, § 13, Paris, Vrin, 1985, p. 112-113.

48 Platon, *Gorgias*, 469c, dans *Œuvres complètes, op. cit.*

49 Platon, *La République, op. cit.*, 350b-360b.

50 Jacques Derrida, 《Le siècle et le pardon》, *Le Monde des débats, décembre* 1999.

51 Vladimir Jankélévitch, *Le Pardon*, Paris, Aubier-Montaigne, 1967, p. 203.

52 Kant, *Critique de la raison pratique*, dans *Œuvres philosophiques, op. cit.*, p. 285 ; 304.

53 Kant, *Critique de la raison pure*, Préface à la seconde édition, *Œuvres philosophiques, op. cit.,* p. 737-738.

54 Epictète, *Manuel*, Paris, Flammarion, 《GF》, 1997, p. 65-67.

55 상동.

56 상동, p. 70.

57 Montaigne, *Essais*, Avis au lecteur, *op. cit.*, p. 9.

58 상동.

59 상동, III, 5, p. 1076.

60 La Rochefoucauld, *Recueil des portraits et éloges,* dans *Les Moralistes du XVIIᵉ siècle, op. cit.*, p. 229.

61 Michel Leiris, *L'Âge d'homme*, Paris, Gallimard, 1939, p. 24.

62 Michel Foucault, *Surveiller et punir. Naissance de la prison*, Paris, Gallimard, 1975, p. 264 ; Bentham, *Panopticon, The Works of Jeremy Bentham*, Edimbourg, William Tait, 1843, vol. IV, p. 84-85.

63 Michel Foucault, *Histoire de la folie*, Paris, Gallimard, 1972, p. 56.

64 Descartes, *Dioptrique*, AT VI, 141. Nous remercions E. Scribano pour avoir élucidé pour nous ce point, *Macchine con la mente. Filosogiae metafisica tra Cartesio et Spinoza*, Rome, Carocci editore, p. 13-75.

65 Pascal, *Pensées, op. cit.*, fragment 31.

66 상동, fragment 457.

67 Bergson, *Essai sur les données immédiates de la conscience*, Paris, Puf, 《Quadrige》, 1991, p. 180.

68 Albert Camus, *Le Mythe de Sisyphe*, Paris, Gallimard, 《Folio》, 1985.

69 Tolstoï, *Confession*, Paris, Pygmalion, 1998, p. 38.

70 Pascal, *Pensées, op. cit.*, fragment 181.

71 Cicéron, *Tusculanes*, IV, 35.

72 Melville, *Moby Dick*, Paris, Gallimard, 《Folio》, 1996.

PART 03. 사회적 고통

1 Nietzsche, *Humain, trop humain*, Paris, Gallimard, 《Folio》, 1987, § 283.

2 Marx, *Manuscrits de 1844*, Paris, Flammarion, 《GF》, 1999.

3 Marx, *Le Capital*, dans *Œuvres*, Paris, Gallimard, 《Bibliothèque de la Pléiade》, t. II, p. 1488.

4 Marx et Engels, *L'Idéologie allemande*, dans *Karl Marx. Philosophie*, Paris, Gallimard, 《Folio》, 1982, p. 319.

5 《La révolution communiste, se dressant contre le *mode* traditionnel des activités, se débarrasse du *travail*》, 상동, p. 391.

6 Nietzsche, *Le Gai Savoir*, § 21, *op. cit.*, p. 79-80.

7 Hobbes emprunte cette formule à Plaute, *Du citoyen*, Épître dédicatoire, Paris, Flammarion, 《GF》, 1982, p. 83.

8 Engels, *Premiers écrits*, Berlin, Mayer, 1920, p. 281.

9 Hobbes, *Léviathan*, I, xiii, Paris, Sirey, 1983, p. 124.

10 Marx, *Manuscrits de 1844, op. cit.*

11 Kant, *Leçons d'éthique, op. cit.*, p. 313.

12 C'est le sens de la critique que Hegel adresse à Kant, dans ses *Leçons sur les preuves de l'existence de Dieu*. Marx, pour sa part, montre que l'argent est de même nature que l'existence de Dieu, à savoir une représentation sociale, une croyance : 《Des thalers réels ont la même existence que des dieux》, *Différence de la philosophie de la nature chez Démocrite et Épicure*, Paris, Ducros, 1970, p. 286. C'est ainsi que 《l'humanité entière》 en est venue à 《contracter des dettes sur ses dieux》 : qu'est-ce que le salut sinon une façon d'entrer en commerce avec les dieux, de monnayer sa rédemption?

13 Kant, *Idée d'une histoire universelle au point de vue cosmopolitique*, Quatrième Proposition, dans *Œuvres philosophiques, op. cit.*, tome II, p. 192.

14 Schopenhauer, *Aphorismes sur la sagesse dans la vie, op. cit.*, p. 100-

111.

15 Schopenhauer, *Parerga und Paralipomena*, t. II, chap. 31, § 400, voir *Aphorismes sur la sagesse de la vie, op. cit.*, p. 105 note.

16 Thomas d'Aquin, *Somme de théologie*, Ia, IIae, q. 40 (《Les imbéciles osent tout 》).

17 Montaigne, *Essais*, III, 8, *op. cit.*, p. 1118.

18 Cioran, 《Exégèse de la déchéance》, *Précis de décomposition,* Paris, Gallimard, 1949.

19 Montaigne, *Essais*, III, 8, *op. cit.*, p. 1119.

20 상동.

21 Descartes à Mersenne, AT VIII, 110-111.

22 Montaigne, *Essais*, III, 8, *op. cit.*, p. 1119.

23 Kant, *Leçons d'éthique, op. cit.*, p. 366.

24 Platon, *La République*, II, 457d ; 377b, *op. cit.,* p. 926.

25 La Boétie, *Discours de la servitude volontaire, op. cit.*, p. 163.

26 Paul Lafargue, *Le Droit à la paresse*, Paris, Éditions de la République des Lettres, 2012.

27 Henri Laborit, *Éloge de la fuite*, Paris, Gallimard, 《Folio》, 1985.

28 Pascal, *Pensées, op. cit.*, fragment 124.

29 Pascal, *Discours sur la condition des grands*, Deuxième discours, dans *Pascal*, Paris, Livre de Poche, 《La Pochothèque》, 2004, p. 751.

30 Pascal, *Pensées, op. cit.*, fragment 64.

그리고 흥미로운 고통들

1 Platon, *La République*, III, 410d-412a, dans *Œuvres complètes, op.*

   cit., p. 969-970.

2 상동, IX, 572b, p. 1176.

3 상동, VIII, 571c-572a, p. 1175.

4 Montaigne, *Essais*, III, 2, *op. cit.*, p. 989-990.

5 상동.

6 상동, III, 3, op. cit., p. 1017-1019.

7 Descartes, *Discours de la méhode*, AT VI, 62.

8 Descartes, *Traité des Passions*, article 44.

9 상동, article 50.

10 Spinoza, *Éthique, op. cit.*, IV, prop. 45, scolie ; Baudelaire, *Les Fleurs du mal*, 《L'invitation au voyage》.

11 Gilberte, *Vie de Pascal*, 1re version, dans *Pascal, Œuvres complètes*, tome I, éd. par Jean Mesnard, Paris, Desclée de Brouwer, 1964, p. 587.

12 Lettre de Boulliau à Léopold de Médicis du 13 juin 1659, dans *Œuvres complètes, op. cit.*, IV, p. 623.

13 Pascal, *Pensées, op. cit.*, fragment 671.

14 상동.

15 Pascal, *Les Provinciales*, Onzième Lettre, dans *Pascal, op. cit.*, p. 443.

16 Nietzsche, *Considérations inactuelles*, II, § 1, Paris, Gallimard, 《Folio》, 1990, p. 95.

17 Daniel W. Winnicott, *Jeu et réalité*, Paris, Gallimard, 1975, p. 47.

18 Daniel W. Winnicott, *La Capacité d'être seul*, Paris, Payot, 2012.

19 Stanley Cavell, *Qu'est-ce que la philosophie américaine?,* Paris, Gallimard, 《Folio》, 2009, p. 235.

20 Nietzsche, *Humain trop humain, op. cit.,* §57.

21 Raphaël Larrère, « Le loup, l'agneau et l'éleveur », *Ruralia*, 5, 1999. Ainsi, les éleveurs qui laissent leurs brebis dans les alpages en leur rendant de rares visites ne satisfont pas à l'obligation de protection du contrat de domestication, le loup servant alors de bouc émissaire.

22 Ce sont les thèses de Peter Singer, *La Libération animale*, Paris, Grasset, 1993.

23 Pascal, *Pensées, op. cit.*, fragment 153.

철학의 쓸모

1판 1쇄 인쇄   2024년 8월 8일
1판 7쇄 발행   2025년 1월 10일

지은이   로랑스 드빌레르
옮긴이   박효은

펴낸이   김봉기
출판총괄   임형준
편집   안진숙, 김민정
교정교열   김민정
본문 디자인   산타클로스
마케팅   선민영, 조혜연, 임정재

펴낸곳   FIKA[피카]
주소   서울시 서초구 서초대로 77길 55, 9층
전화   02-3476-6656
팩스   02-6203-0551
홈페이지   https://fikabook.io
이메일   book@fikabook.io
등록   2018년 7월 6일(제2018-000216호)

ISBN   979-11-93866-14-6

피카 출판사는 독자 여러분의 아이디어와 원고 투고를 기다리고 있습니다.
책으로 펴내고 싶은 아이디어나 원고가 있으신 분은 이메일 book@fikabook.io로 보내주세요.